JN011799

やさしい SQL入門

演習問題で学ぶデータベース操作法

Windows 11/10 対応

手塚忠則●著

■サンプルファイルのダウンロードについて

　本書掲載のサンプルファイルは、一部を除いてインターネット上のダウンロードサービスからダウンロードすることができます。詳しい手順については、本書の巻末にある袋とじの内容をご覧ください。

　なお、ダウンロードサービスのご利用にはユーザー登録と袋とじ内に記されている番号が必要です。そのため、本書を中古書店から購入されたり、他者から貸与、譲渡された場合にはサービスをご利用いただけないことがあります。あらかじめご承知おきください。

・本書の内容についてのご意見、ご質問は、お名前、ご連絡先を明記のうえ、小社出版部宛文書（郵送または E-mail）でお送りください。
・電話によるお問い合わせはお受けできません。
・本書の解説範囲を越える内容のご質問や、本書の内容と無関係なご質問にはお答えできません。
・匿名のフリーメールアドレスからのお問い合わせには返信しかねます。

本書で取り上げられているシステム名／製品名は、一般に開発各社の登録商標／商品名です。本書では、™ および ® マークは明記していません。本書に掲載されている団体／商品に対して、その商標権を侵害する意図は一切ありません。本書で紹介している URL や各サイトの内容は変更される場合があります。

はじめに

　本書では、リレーショナル・データベースの作成、管理、問い合わせ、更新のために広く利用されている SQL（Structured Query Language）の使い方を解説します。SQL は、ISO（国際標準機構）により標準化が行われてるデータベース言語で、市販、フリーの RDBMS（リレーショナル・データベース管理システム）の多くが、この言語をサポートしています。つまり、RDBMS を使ったプログラムを書きたい場合には SQL の知識が必要不可欠となるわけです。逆に考えれば、SQL さえ覚えてしまえば、RDBMS を使いこなすことができることになります。

　このように、SQL は、データベースアプリケーション開発の現場では必須であり、データベースアプリケーションを作成しようと思っているプログラマはぜひ覚えておくべき言語です。

　本書では、これから SQL を覚えたいという初心者を対象に、SQL の基礎を詳しく解説します。また、「習うより慣れろ」ということで、SQL を入力し、直接実行結果が確認できる SQL トレーニングアプリケーション "SQLトレーナー"を用意し、これを使った実践的な学習に力を入れた構成となっています。

　"SQL トレーナー" を利用して「実践問題」と「練習問題」を実行しながら解いていくことで、自然と SQL の基礎を身につけることができるでしょう。

　本書が、SQL を学習する読者の方々にとって、お役に立てればと願っています。

　はじめて SQL の入門書を書いたのは 1999 年の 4 月で、既に 20 年以上たちます。この間に Windows XP、Windows Vista、Windows 7、8、10、11 と OS 自体も変わってきました。これにあわせて SQL トレーナーも何度か更新しており、Windows 11 でも一応動作しています。トレーナーを使って楽しく SQL を学んでいただければ幸いです。

〔本書の構成〕

本書は、以下のような構成になっています。

- ■**第1章**　データベースの基礎について説明します。
- ■**第2章**　リレーショナル・データベースの基礎について説明します。
- ■**第3章**　SQLとリレーショナル・データベースの関係について説明します。
- ■**第4章**　SQLの言語仕様について簡単な例を挙げながら説明します。ここでは、標準SQLでサポートされているSQL全般について説明します。
- ■**第5章**　SQLトレーナーのインストール方法および使用方法について説明します。
- ■**第6章**　演習問題を実際に解きながら、SQLを使ったデータベースの作成について学習します。
- ■**第7章**　演習問題を実際に解きながら、SQLを使ったデータ検索について学習します。
- ■**第8章**　演習問題を実際に解きながら、SQLを使ったデータの挿入と更新・削除について学習します。
- ■**第9章**　埋め込みSQLなど、第1章〜第8章までで取り上げなかったその他のSQLについて説明します。

第6章、第7章、第8章の演習問題はすべてSQLトレーナーで実行することができます。

〔構文の表記〕

本書では、以下の表記を用いて構文を記しています。

[ ]　　　　　　　省略可能な部分

[ ] の表記例

DELETE FROM 表名 [WHERE 検索条件]

上記の例は、WHERE句以降は省略可能という意味です。

⟨ ⟩　　　　　　省略可能な部分

⟨ ⟩ の表記例

CREATE SCHEMA スキーマ名
　AUTHORIZATION 所有者識別子
　[⟨定義域定義⟩ ⟨表定義⟩ ⟨ビュー定義⟩ ⟨権限定義⟩]

上記の例は、3行目の定義域定義、表定義、ビュー定義、権限定義は
省略可能という意味です。

A | B　　　　　　A または B が表記可能

A | B の表記例

SELECT {* | 列名リスト} FROM 表名リスト

上記の例は、* または列名リストが表記可能という意味です。

A or B　　　　　　A または B が表記可能

A or B の表記例

DEFAULT NULL or 定数

上記の例は、NULL または定数が表記可能という意味です。

A := B　　　　　　A は B から構成される

A := B の表記例

列名リスト := 列名 ⟨,列名⟩ ... ⟨,列名⟩

上記の例は、列名リストは列名または複数の列名から構成されるとい
う意味です。

同じ意味の表記が複数ありますが、これは SQL 構文を見やすくするた
めに使い分けているだけで、意味的な違いはありません。

〔記号の説明〕

本書では、コメントや注意事項などに以下の記号を用いています。

 補足説明およびコメントです。

 重要な注意事項です。

入力 入力する SQL 文です。

出力 実行した SQL 文の出力結果です。

もくじ

第7章 SQL実践演習 〜その2〜 —— データ検索 105

第 1 章

データベース基礎

1-1 データベースの検索

　データを効率よく管理／蓄積する手段としてデータベースは登場しました。データベースの登場により、私たちはデータを簡単に管理することができるようになり、企業においては、社員名簿、勤務管理、仕入れ／受注管理などが情報化され事務の合理化が図られました。現在、データベースは企業にとって、情報戦略を左右するといっても過言ではないくらい重要な存在となっています。

　また、企業だけでなく家庭でもデータベースは使われるようになってきています。パソコンの住所録ソフトなどは身近なデータベースの典型例ではないでしょうか。

　では、データベースは具体的にどのような仕事（処理）を行うものなのでしょうか？　わかりやすくいえば、データベースはデータの蓄積と、蓄積されたデータの操作に必要な仕事のほとんどを行うものです。データ管理だけではなく、データ検索を高速にできるようにするのもデータベースの重要な仕事の1つです。

　多くのデータベースは、アプリケーションから独立したシステムとしてデータの管理を行うように設計されているので、同じデータを複数のアプリケーションで共有することが可能です。例えば、顧客管理データベースで管理される顧客の住所データを、年賀状印刷に利用するなどといったことができるのも、データがアプリケーションとは別個に管理されているからこそ可能になるのです※。

※当然ですが、データベースのアクセス方法が公開されていない場合には、データベースを複数のアプリケーションで共有することはできません。

　このアプリケーションから独立なデータベース管理を行うシステムを、DBMS（DataBase Management System：データベース管理システム）と呼びます。アプリケーションはDBMSを介してデータにアクセスします。アプリケーションを設計／作成するプログラマは、DBMSへのアクセス方法さえ知っていれば、実際のデータがどのように記録されているかは考えなくてもよいわけです。これが、DMBSを利用する大きな利点です。

　このようなDBMSとしては商用ではOracle社のOracle、オープンソースではMySQLやPostgreSQLなどが有名です。

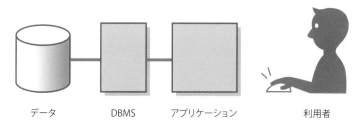

データ　　　DBMS　　アプリケーション　　　利用者

図 1.1　データベースの概念図

1-2 データモデル

　データベースを設計する場合には、データベースで取り扱うデータの表現手段、データの操作方法、データの矛盾の排除などを目的としてデータモデルの作成を行う必要があります。データモデルは、表現の段階により、概念データモデル、論理データモデル、そして物理データモデルの 3 つに分けられます。データベースの設計時には、上記の順にデータモデルを作成していきます。

　以下に、各データモデルの概要を示します。

（1）概念データモデル

　対象世界を自然に表現したモデルです。そのまま DBMS に対応させることはできませんが、DBMS との依存関係がないため、汎用的なモデルとなります。

（2）論理データモデル

　概念データモデルをもとにして DBMS の特性を考慮したモデルです。このモデルからは DBMS への依存関係が存在します。

（3）物理データモデル

　DBMS に関連した物理的な記録方式や記録構造までを含めて表現したモデルです。

1-3 データベースの種類

　一言にデータベースといっても、データの管理方法によってカード型データベース、リレーショナル（関係）・データベースなど、いくつかの種類に分類することができます。これらの分類は、1-2 節で紹介したデータモデルの中の、論理データモデルの作成において行われるもので、以下の4 つのモデルに大別されています。

(1) 階層モデル
　データ間の関係を組織図のように木構造で表現するモデルです。このモデルでは、データは親レコードと子レコードにより構成されます。なお、データの操作はこの親子関係に従って行う必要があります。

(2) ネットワークモデル
　階層モデルと同じく、一対多の親子関係を基本にしたモデルです。階層モデルと異なるのは、子レコードが親レコードを複数もつことができることです。ネットワークモデルの代表的なものは、CODASYL が作成した仕様のデータベースです。CODASYL は COBOL 言語の標準化で有名な委員会です。また、このモデルのデータベースとしては、マルチメディア情報を管理するハイパーメディア・データベースなどがあります。

(3) 関係モデル（リレーショナル・モデル）
　1970 年に E. F. Codd が発表したモデルで、列と行からなる表で表現されるのがこの関係モデルです。階層モデルとネットワークモデルでは、レコードの関係をレコード間のリンクに付与する形で保存するのに対し、関係モデルでは列の値（共通の値をもつ列）により関係付けるという特徴があります。

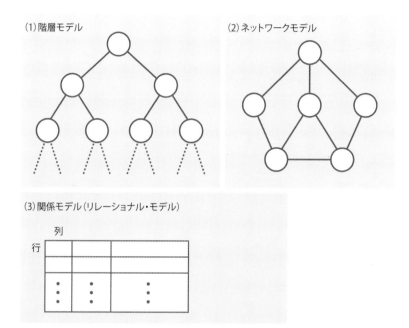

図 1.2　データベースの種類

（4）オブジェクトデータモデル

　オブジェクト指向のモデルに基づいたオブジェクト指向型のデータベースです。オブジェクト指向モデルは、これまでのモデルに代わる新しい世代のモデルで、従来では扱いにくかった複雑な構造のデータや画像／音声といったマルチメディアデータも容易に扱うことができます。また、オブジェクト指向データベースでは、オブジェクト指向言語などと同じように、属性とメソッドをもつオブジェクトに対してメッセージを送ることでオブジェクトの操作を行うという基本的な概念に基づいて設計されています。

　一般的に利用されているデータベースは、カード型データベース（NOTE参照）とリレーショナル・データベースでしょう。特にリレーショナル・データベースは、パソコン上のアプリケーションソフトとしてのデータベースからクライアント・サーバー型の大規模データベースまで、広い範囲で利用されています。次章では、このリレーショナル・データベースについて説明します。

ここで紹介したモデル以外に、カード型データモデルというものがあります。これは住所録のようなある構造をもったレコード単位でデータを管理するものです。設計が簡単という利点がありますが、重複データの発生によるデータベースの容量の増加や、検索効率などの欠点もあります。

2

リレーショナル（関係）・
データベース

2-1 リレーショナル・データベースの概要

　リレーショナル・データベースは**関係モデル（リレーショナル・モデル）**に基づいて表形式でデータを取り扱うデータベースです。リレーショナル・モデルでは、データは**列**と**行**からなる**表**により表現されます。行は1つの物（事）に対するデータの集まりで、列は表中で一意な名前をもつ属性となります。住所録を例にして説明すれば、「○×さんの情報」が1行にあたり、「電話番号」「名前」「住所」などの住所録の中の各項目が列となります。また、データの関係は表の行と列の関係により表現されます。なお、リレーショナル・データベースでは、このような表や表の集まりをデータベースと呼びます。

　リレーショナル・データベースは表形式でデータを取り扱うと説明しましたが、これは論理的な構造のことであり、ディスクなどの記録媒体に記録される形式が表形式であるというわけではありません。「利用者からは表形式に見える（表形式でアクセスできる）」データベースであればリレーショナル・データベースと呼ばれます。

　利用者からは表として見えるわけですから、当然、表として利用することができます。利用者は、データが物理的にどのような形式で保存されているのかを知る必要がありません。このように、「利用者が物理的なデータ構造を意識せず表としてアクセスできる」ことを、物理的なデータ構造からの**独立性**を保証しているといいます。

2-2 リレーショナル・データベースの構造

　リレーショナル・データベースでは、表中でお互いに関係するデータ要素の集合を行（ロウ）、同じ属性のデータ要素の集合を列（カラム）と呼びます。なお、リレーショナル・モデルでは、表のことを**リレーション**、行のことを**タプル**、列のことを**アトリビュート**と呼びます。また、いくつかのRDBMSでは、行のことをレコード、列をフィールドと呼びます。これ

らの対応については、表2.1にまとめましたのでそちらを参考にしてください。なお、本書の以降のページでは、SQLの用語にあわせて「行」と「列」と表記することにします。

社員番号	名前	ヨミ	住所	電話番号
0001	赤岩　圭吾	アカイワ　ケイゴ	東京都 **	03-****-****
0002	岩下　つとむ	イワシタ　ツトム	東京都 **	03-****-****
0003	上田　健二	ウエダ　ケンジ	東京都 **	03-****-****
0004	木下　順平	キノシタ　ジュンペイ	東京都 **	03-****-****
0005	坂田　圭吾	サカタ　ケイゴ	東京都 **	03-****-****
0006	野村　伸治	ノムラ　シンジ	東京都 **	03-****-****

主キー　　　　　　　　列（カラム）　　　　　　　　　　行（ロウ）

図2.1　リレーショナル・データベース

NOTE　DBMS（データベース・マネージメント・システム）のうち、リレーショナル・データベースに対するものを特にRDBMS（Relational DataBase Management System、リレーショナル・データベース管理システム）と呼びます。

表2.1　用語一覧

リレーショナル・モデル	SQL（実装レベル）	ファイルシステム
リレーション　　　＜関係＞	表＜テーブル＞	ファイル
タプル　　　　　　＜組＞	行＜ロウ＞	レコード
アトリビュート　　＜属性＞	列＜カラム＞	フィールド

　リレーショナル・データベースの表において、行を一意に識別するための列を一意識別子または**主キー**と呼びます。"主キーが同じ"行が表中に存在することは許されていませんので、主キーをもつ表においては、"すべての列の内容が同じ"行は存在しないことになります（主キーは必ず異なります）。例えば住所録のデータベースで、「名前」を主キーとした場合には、同じ名前の人が住所録に2人存在することは許されなくなります。名前が

同じ人が存在しなければ、すべての行は必ず「名前」が違うということになりますので、同じ行が存在しなくなるわけです。

　また、リレーショナル・データベースでは、平坦な二次元の表だけしか取り扱うことができません。例えば、表2.2のように一人が複数の資格をもつような表は平坦な二次元の表ではありません。このような表をリレーショナル・データベースで取り扱うには、表2.3のような表に変換する必要があります。表2.3の表では、各行の列の値はそれぞれ1つだけの平坦な表となります。なお、このような表に対する操作は**正規化**と呼ばれます。また、ここでの正規化により導出される表を特に第一正規形の表と呼びます。

表2.2　リレーショナル・データベースで取り扱えない表

社員番号	氏名	資格
1000	伊藤	英検3級
		普通免許
1001	上田	簿記
		普通免許
		情報処理技術者2種

表2.3　平坦化された表

社員番号	氏名	資格
1000	伊藤	英検3級
1000	伊藤	普通免許
1001	上田	簿記
1001	上田	普通免許
1001	上田	情報処理技術者2種

2-3　ベーステーブルとビュー

　リレーショナル・データベースの表には、物理的な記憶装置に存在する**ベーステーブル（実表）**と、物理的な記憶装置の中には存在しない**ビュー（視点）**と呼ばれる表があります。ビューは、ベーステーブルから作成される表で、ベーステーブルの一部を抜き出したり、複数の表を結合して作られます。利用者からは、実際に存在する表と同じようにビューを扱うことができます。このビューは、業務によって表の形式を変更したい場合などに利用されます。

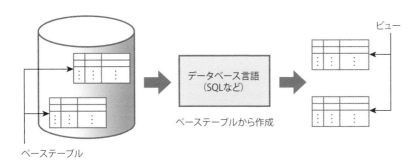

図2.2　ベーステーブルとビュー

　一般的に、このようなベーステーブルの作成やビューの作成、表への問い合わせなどの処理には、**データベース言語**が用いられます。データベース言語の中でも、リレーショナル・データベース向けに規格化され標準化された言語が、本書で説明する SQL（Structured Query Language）です。次章では、このデータベース言語について説明します。

第3章

リレーショナル・データベース
と SQL

3-1 リレーショナル・データベース言語

　リレーショナル・データベースは、論理的に表形式で表現されています。リレーショナル・データベースでは、物理的なフォーマットではなく、この論理的な表に対して、データの操作や表示を行います。このような論理的な表に対しての操作を行うために使うプログラミング言語が、**リレーショナル・データベース言語**です。

　現在、リレーショナル・データベース言語として広く利用されているのが、本書で解説する **SQL**（Structured Query Language）です。なお、リレーショナル・データベース言語ではありませんが、SQL と同様に規格化され、広く普及している言語として NDL があります。NDL は、1978 年の CODASYL の案を基に、1987 年に ISO により国際規格として制定されたデータベース言語で、ネットワークモデルのデータベースの操作に利用されます。

> 厳密にいうとデータベース言語ではないのですが、ISO で国際規格として規定されている文書記述言語 SGML（Standard Generalized Markup Language）も、データベース言語の一種であるといえます。SGML は、文章のタイトルや章などに対してマークをつけておくことにより、文書構造を記述する言語であり、この情報（マーク）を基に文書内のデータを検索することができます。

3-2 SQL

　SQL はもともと IBM がデータベース処理のために考案した言語です。1986 年に ANSI 標準になり、その後 1987 年に ISO の国際標準となりました。日本では日本工業規格（JIS）により **標準 SQL** として公式に制定されています。なお、1992 年には機能拡張を行った SQL2（SQL-92）が ISO により国際標準として制定されています。

このように SQL はリレーショナル・データベース言語として標準化されており、多くの DBMS で用いられています。SQL を理解していれば、たいていのデータベースは操作できるといえます※。

NOTE 日本工業規格で制定された SQL を標準 SQL と呼びますが、市販の DBMS ではこれを拡張して独自機能を付け加えている場合があります。このため、DBMS により SQL の方言が存在するようになりました。DBMS を使う場合は、この方言に気をつけないと思わぬ落とし穴にはまることがありますので注意してください。

SQL は、データベースに対して以下の 3 つの機能を提供します。

（1）データ定義機能

データを記録するための表の枠組みを作成する機能、不要な表の削除機能、ビューを定義する機能です。

（2）データ操作機能

データベースの中のデータを操作する機能です。データの挿入／更新／削除／選択などの機能を提供します。

（3）データ制御機能（トランザクション管理機能）

データ操作を行える利用者を制限したり、制御したりする機能です。

NOTE オンラインシステムなどに代表される一般的なデータベースは、多くのユーザーから同時にアクセスされることがあります。このとき、複数のユーザーが同じデータに対して同時にデータ更新を行うと、データ矛盾などの問題が発生してしまいます。二重更新などにより異常な状態が発生した場合は、これまでの処理を無効にして、データを正常な状態に戻す必要があります。このような、データ更新／回復などを行うまとまりは、データベースに対するひとつの作業単位となります。このひとまとまりをトランザクションと呼びます。

「データ定義機能」「データ操作機能」「データ制御機能」を実現する言語機能は、それぞれ DDL（Data Definition Language）、DML（Data

※ ただし利用できる SQL キーワードは DBMS により異なる場合があり、標準 SQL のすべてを実行できるとは限りません。本書の添付ソフト「SQL トレーナー」では DBMS として Firebird を利用しますが、Firebird で利用できない SQL は SQL トレーナーでも利用できません。

Manipulation Language)、DCL（Data Control Language）と呼ばれます。
表 3.1 は、主要な SQL 文と上記 3 つの機能分けの対応を示したものです。

表 3.1　主要な SQL 文と機能

機能区分	SQL 文	機能
データ定義	CREATE	テーブル／ビューの作成
	DROP	テーブル／ビューの削除
	ALTER	列（フィールド）の追加と削除
データ操作	SELECT	データの選択
	INSERT	データの挿入
	UPDATE	データの更新
	DELETE	データの削除
データ制御	GRANT	アクセス権限を与える
	REVOKE	アクセス権限を取り上げる

　最後に SQL 文の例をいくつか示しておきます。
　例 3.1 は、データ定義の例です。この例では CREATE TABLE 文を使っ
て、名前と電話番号の列からなる電話データというテーブルを作成してい
ます。CREATE TABLE 文については、4-1 節で詳しく説明します。

例 3.1：CREATE TABLE 文の例

 入力
```
CREATE TABLE 電話データ
( 名前 CHAR(20),
  電話番号 CHAR(13)
)
```

NOTE　第 4 章までの説明では、分かりやすくするために列名とテーブル名を「日
本語」にしていますが、第 6 章以降の実践編では、列名とテーブル名は
「英語」になります。

本書ではすべての SQL キーワードを大文字で統一して表記しますが、SQL 文は大文字で書いても小文字で書いても構いません。

例 3.2 は、データ操作の例です。この例では SELECT 文を使って、社員表と部門表の 2 つのテーブルを所属コードという列で結合しています。SELECT 文については、4-4 節と 4-5 節で詳しく説明します。

例 3.2：SELECT 文の例

```
SELECT * FROM 社員表,部門表
WHERE 社員表.所属コード=部門表.所属コード
```

例 3.3 も、データ操作の例です。この例では INSERT 文を使って、社員表というテーブルに 1 行挿入しています。INSERT 文については、4-6 節で詳しく説明します。

例 3.3：INSERT 文の例

```
INSERT INTO 社員表
VALUES ('0005', '山田　清司', '1000')
```

データベースシステムの標準化としては、データベース言語（SQL や NDL）以外にも以下のようなものがあります。
- IRDS（情報資源辞書システム）　情報資源管理に必要なメタデータを管理するために ISO、JIS により標準化。
- RDA（遠隔データベースアクセス）　分散環境におけるデータベースアクセスのための共通インターフェース規約。ECMA により提案され標準化。

次章では、SQL の機能について詳しく説明します。

第4章

SQL 基礎知識

4-1 データベースの定義（作成）

4-1.1　スキーマ定義

リレーショナル・データベースでは表の作成を行うために、**SQL スキーマ**の定義を行います。SQL スキーマとは、データベースの構造を定義する定義文の集まりのことで、単に**スキーマ**とも呼ばれます。

スキーマ定義は、基本的には「データベース作成者の識別子（ID）」「権限」「表」「ビュー」の定義から構成されます。

以下に、スキーマ定義の構文を示します。

スキーマ定義の構文

```
CREATE SCHEMA スキーマ名
AUTHORIZATION 所有者識別子
[<定義域定義> <表定義> <ビュー定義> <権限定義>]
```

標準 SQL では、スキーマ定義は CREATE SCHEMA 文となっていますが、実際のデータベースシステムは、CREATE DATABASE 文を使うこともあります。

添付の SQL トレーナーでは CREATE SCHEMA 文および CREATE DATABASE 文を実行することはできません。SQL トレーナーでは、スキーマ定義は表定義（CREATE TABLE 文）から行うことになります。CREATE DATABASE を行う場合は、Firebird 付属の Firebird ISQL Tool を利用してください。

本書で利用している Firebird の CREATE DATABASE では、引数 DEFAULT CHARACTER SET を利用して、文字コードを指定することができます。Windows などで日本語を利用する場合には、SJIS_0208 を文字コードとして設定することが一般的です。標準 SQL に含まれていない構文ですので本書では CREATE DATABASE については詳しく触れません。利用するデータベース付属のマニュアルで構文を確認してください。

4-1.2　表（テーブル）定義

　CREATE SCHEMA 文でデータベースの定義を行ったあと、実際に表の定義を行うのが CREATE TABLE 文です。第 2 章で説明したように、表にはベーステーブルとビューという 2 種類がありますが、CREATE TABLE 文で作成されるのはベーステーブルのほうで、ビューを定義する場合には4-1.3 で説明する CREATE VIEW 文を利用します。

　以下に、表定義の構文を示します。

表定義の構文

CREATE TABLE テーブル名
(列名1 データ型 or 定義域名　[デフォルト値定義] ，
　列名2 データ型 or 定義域名　[デフォルト値定義] ，
　列名3 ・・・
　　　　　・
　　　　　・
　　　　　・
　列名N ・・・
　)

　構文中の列名には列の名前を指定します。列名に続けて列のデータ型を指定します（データ型については、4-1.5「主なデータ型」で説明します）。また、必要があれば DEFAULT 句を用いてデフォルト値の定義を行います。列の定義は必要な数だけくり返し記述できます。

　最後に表定義の例を示しておきます。この例は、電話データの表定義で、20 文字の名前と 13 文字の電話番号の 2 つの列（属性）から構成されます。

例 4.1：電話データ定義の例

入力
```
CREATE TABLE 電話データ
( 名前 CHAR(20),
  電話番号 CHAR(13)
)
```

　なお、表中の特定の列を主キーとする場合は、PRIMARY KEY 句を利用します。上記の例で PRIMARY KEY として名前を指定する場合は、次のよ

うな記述を行います。これで、名前の列が主キーとして指定されます（図4.1）。

例 4.2：電話データ定義の例 2（主キーを指定）

入力
```
CREATE TABLE 電話データ
( 名前 CHAR(20),
  電話番号 CHAR(13),
  PRIMARY KEY(名前)
)
```

```
         20 文字              13 文字
┌────────────────────┬──────────────────┐
│ 名前               │ 電話番号          │
├────────────────────┼──────────────────┤
│ 赤岩　圭吾         │ 03-****-****      │
│ …                  │ …                 │
│ …                  │ …                 │
└────────────────────┴──────────────────┘
            └──── 主キー
```

図 4.1　電話データの表イメージ

NOTE

SQL トレーナーで CREATE TABLE を行う場合、PRIMARY KEY 句で指定した列は NOT NULL 属性をつける必要があります。また、テーブルおよびフィールドは英語名にしておく必要があります。

```
CREATE TABLE TELEPHONE
( NAME CHAR(20) NOT NULL,
  NUMBER CHAR(13),
  PRIMARY KEY (NAME)
)
```

NOTE

変更を反映させ、他のアプリケーションから参照可能にするためには、COMMIT 文を実行する必要があります。COMMIT 文については「4-7 トランザクション」を参照してください。SQL トレーナーを利用してテーブルを新規作成した場合も、COMMIT 文の実行が必要です。

4-1.3　ビュー定義

　第2章で説明したように、ビューは物理的には存在しない仮想の表です。スキーマ定義でビューを作成する場合には、CREATE VIEW 文を用います。ビューを作成する利点は、実際に存在する表をデータベース利用者の使用目的や業務に応じて適切に加工して表示させることができることにあります。例えば、人事部と経理部では同じ社員名簿に対して、名前順に表示したいかもしれませんし、部門別に表示したいかもしれません。この2つの見え方を1つの物理データから実現するのがビューです。

　ただし、ビューは実際に存在する表ではありませんので、更新などに対していくつかの制限があることも併せて覚えておいてください。

　以下に、ビュー定義の構文を示します。

ビュー定義の構文

```
CREATE VIEW ビュー名 [列名 [列名] ・・・]
AS SELECT文
[WITH [CASCADE | LOCAL] CHECK POINT ]
```

　ビュー定義では、AS に続く SELECT 文で指定された問い合わせ結果がビューとして定義されます。また、ビュー名に続く列名は、SELECT 文で選択された列名を別の列名に変更する場合に指定します。WITH 以降のオプションは、問い合わせの結果に合わないような視点の変更を禁止するために利用します。なお、SELECT 文については、4-4 節、4-5 節で詳しく説明します。

　図 4.2 にビュー定義の例を示します。ここでは、年間の売上表から 4 月の売上表を作成しています。

売上表　　　　　　　　　　　　　　　　　　　　　　　　　　　　　　単位：千

商品名	1月	2月	3月	4月	5月	6月	7月	8月	9月	10月	11月	12月
コーヒー	100	20	30	40	45	120	20	33	40	50	90	100
紅茶	100	100	200	200	20	300	230	320	120	100	200	230
…	…											

SQL 実行（ビュー定義）

```
CREATE VIEW  4月売上表
AS SELECT  商品名,4月  FROM  売上表
```

4月売上表

商品名	4月
コーヒー	40
紅茶	200
…	…

図 4.2　ビュー定義の例

　このようにビュー定義を行うことで必要な部分だけを選択し、仮想の表として出力することができます。

4-1.4　規定値の定義

　規定値の定義は、CREATE TABLE 文の DEFAULT 句で行います。DEFAULT 句で規定値を指定しておけば、後述する INSERT 文で値が与えられなかった場合に、（規定値として）挿入される値を設定しておくことができます。
　以下に規定値の定義の構文を示します。

規定値の定義の構文

DEFAULT NULL or 定数

　例 4.3 は、規定値を含んだ表定義の例です。この例では、製品の単位の規定値として "個" を指定しています。

例 4.3：規定値を含む表定義の例

入力
```
CREATE TABLE 製品表
( 製品番号 CHAR(4),
  製品名 CHAR(20),
  単価 DEC(4),
  単位 CHAR(4) DEFAULT '個'
)
```

4-1.5　主なデータ型

　表定義では、列に格納できるデータの種類をデータ型で指定します。指定できるデータ型には文字列型、整数型、日付型などがあり、整数型についてはさらにデータの範囲によって INTEGER 型や SMALLINT 型などが存在します。

　表 4.1 に、SQL で指定可能な主なデータ型を示します。

表 4.1　主なデータ型

データ型	SQL 表現	説明
文字列型	**CHAR**ACTER(n)	固定長文字列型。n は文字数
	VARCHAR(n)	可変長文字列型。n は最大長
整数型	SMALLINT	
倍長整数型	**INT**EGER	
10 進数	**DEC**IMAL(m,n)	BCD 型。m は精度、n は位取り
単精度浮動小数点	FLOAT(m)	m は精度
倍精度浮動小数点	DOUBLE PRECISION	
日付型	DATE	
時間型	TIME	
日付時間型	TIMESTAMP	
ビット列型	BIT(n)	n はビット数

※ SQL 表現の太字は
省略名を示しています。
これらのデータ型につ
いては太字部のみでの
省略表記が可能です。

NOTE　DBMS（データベース管理システム）により利用できるデータ型が異なる場合がありますので、データ型についてはお使いの DBMS のマニュアルを参照してください。例えば、SQL トレーナーではビット列型（BIT(n)）が利用できません。

CHARACTER 型では、*n* に文字数を指定します。また、VARCHAR 型は長さが可変の文字列のデータ型で、*n* に文字列の最大長を指定します。

INTEGER 型と SMALLINT 型は、保存する整数の値の範囲によって使い分けます。目安としては、四桁くらいなら SMALLINT 型、それ以上なら INTEGER 型を利用します。

4-1.6　表の削除

表を削除するには DROP TABLE 文を利用します。

以下に DROP TABLE 文の構文を示します。

DROP TABLE の構文

```
DROP TABLE 表名
```

4-1.7　列の追加／削除

すでに定義されている表に対して列の追加や削除を行うには、ALTER TABLE 文を利用します。ALTER TABLE 文を用いることで、定義済みの表へ列を新たに追加したり、逆に列を削除したりすることができます。

以下に ALTER TABLE 文の構文を示します。

ALTER TABLE の構文

```
ALTER TABLE 表名
表操作 [,表操作...]
```

```
表操作 := 列の追加 | 列の削除
列の追加 := ADD 列名 データ型 or 定義域名
列の削除 := DROP 列名
```

4-2 整合性制約

4-2.1　整合性制約とは

　整合性制約とは、表中の値を制約することによりデータが正しい状態であることを保証する仕組みのことです。SQL ではこれを単に**制約**と呼ぶこともあります。

　SQL で指定できる制約には、**表制約**と**定義域制約**、そして**表明**の 3 つがあります。また、表制約は、さらに**一意性制約**、**参照制約**、**検査制約**に分けられます。以降では、これらの制約について詳しく説明していきます。

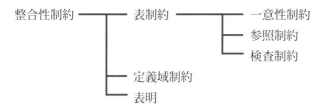

4-2.2　一意性制約

　一意性制約は、指定された列名の列の値が同じ行は存在しないこと、つまり一意であることを意味します。したがって、一意性制約が指定されている表では、列の値を指定すれば対応する行は一意に決まることになります。

　SQL では、行を一意に決める列の指定に UNIQUE、または PRIMARY KEY を用います。

　PRIMARY KEY 指定された列は主キーと呼ばれ、1 つの表に 1 つだけ指定することができます。また、PRIMARY KEY は NOT NULL（空でない）として取り扱われるため、主キーとして指定された列にナル（NULL, 空）値を入れることはできません。

　一方、UNIQUE 指定された列は**候補キー**と呼ばれ、NOT NULL を特に指定しない場合は複数の行でナル値をもつことができます。ただし、ナル値の重複を検出することはできません。

※ NULL とは値が入っていないという意味です。

例 4.4 は、主キーと候補キーの指定を含む表定義の例です。

例 4.4：PRIMARY KEY, UNIQUE を含む表定義の例

入力
```
CREATE TABLE 学生名簿
( 生徒番号 INT NOT NULL,
  名前 CHAR(20),
  住所 CHAR(50),
  コード CHAR(4),
  PRIMARY KEY (生徒番号),
  UNIQUE (コード)
)
```

4-2.3　参照制約

リレーショナル・データベースの表では、他の表との間に意味的な制約が存在する場合があります。このような制約をもつ例を図 4.3 に示します。

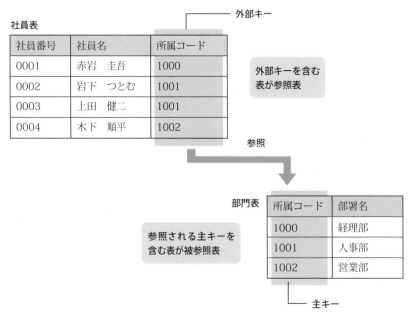

図 4.3　参照制約の例

図 4.3 では、社員表が部門表の所属コードを参照しています。この社員表の所属コードのように、他の表の主キーを参照している列を**外部キー**といいます。また、外部キーを含む表を**参照表**、参照される主キーを含む表を**被参照表**といいます。

SQL では、外部キーの指定に FOREIGN KEY 句を用います。例 4.5 は、外部キーを含む表定義の例です。

例 4.5：外部キーを含む表定義の例

入力
```
CREATE TABLE 社員表
( 社員番号 CHAR(5),
  社員名 CHAR(20),
  所属コード CHAR(4),
  PRIMARY KEY(社員番号),
  FOREIGN KEY(所属コード) REFERENCES 部門表
)
```

参照制約には、参照表の外部キーの値は被参照表になければならないという制約があります。また、被参照表の主キーの更新と削除に関して、

（1）参照表で参照されている被参照表の値の削除や更新を制限する。（RESTRICT）
（2）被参照表の主キーを削除すると、参照している外部キーも削除される。（CASCADE）
（3）被参照表の主キーを削除すると、対応する参照表の外部キーの値をNULL にする。（SET NULL）

という 3 つの動作を指定することができます。

4-2.4　検査制約

検査制約とは、表中のある列で常に満たさなければならない条件を指定することです。例えば、入力可能な整数値の範囲を指定したりするのが検査制約にあたります。

SQL では、検査制約を指定するために CHECK 句を用います。例 4.6 は CHECK 句を用いて製品の単価を最低 1,000 円、最高 9,999 円に制限した製品表の表定義の例です。

例 4.6：CHECK を含む表定義の例

```
入力    CREATE TABLE 製品表
        ( 製品コード CHAR(5),
          製品名 CHAR(20),
          単価 DEC(4),
          PRIMARY KEY(製品コード),
          CHECK (単価 >= 1000 AND 単価 <= 9999)
        )
```

4-2.5　定義域制約

列の値のとりうる範囲を定義域またはドメインと呼びます。定義域を指定するには CREATE DOMAIN 文を利用します。

以下に定義域の構文を示します。

定義域の構文

```
CREATE DOMAIN 定義域名
AS データ型
[規定値定義（デフォルト値定義）]
[CHECK 条件]
```

定義域の指定のうち CHECK 句がついたものが定義域制約となります。CREATE DOMAIN 文で指定した定義域は、続けて実行する CREATE TABLE 文の列定義の中で利用することができます。このため、一度定義域を設定すれば、続く複数の CREATE TABLE 文で同じ定義域を利用することができるため、同じ定義を複数の表で行う場合に便利です。

NOTE　正確には、CHECK 句がついたものだけが定義域制約ですが、広い意味では定義域の指定を定義域制約と呼ぶこともあります。

例 4.7 では、CREATE TABLE 文で表定義を行う前に、CREATE DOMAIN 文を使って価格の定義域を指定しています。

例 4.7：定義域の指定の例

入力
```
CREATE DOMAIN 価格 AS DEC(4)
CHECK (VALUE >= 1000 AND VALUE <= 9999)
```

入力
```
CREATE TABLE 製品表
( 製品コード CHAR(5),
  製品名 CHAR(20),
  価格 価格,
  PRIMARY KEY(製品コード),
)
```

4-2.6 表明

　表明は、それぞれの行の内容のすべて、個々の行の内容、そして複数の表の間で成り立つべき条件を指定するものです。表明の定義には、CREATE ASSERTION 文を利用します。

　例 4.8 は、製品表には少なくとも 1 つの製品が含まれていなければならないという条件を定義する例です。

例 4.8：定義の例

入力
```
CREATE ASSERTION 商品制約
CHECK((SELECT COUNT(*) FROM 製品表) > 0)
```

NOTE 　添付の SQL トレーナーでは、CREATE ASSERTION 文を実行することはできません。

4-3　正規化

4-3.1　正規化とは

　正規化とは、冗長なデータを関連性の強い列（属性）でまとめ、**一事実一箇所**（one fact in one place）にすることです。このためには、依存関係のある列を整理し、依存関係を少なくしていく必要があります。わかりやすくいえば、重複する項目を排除し、各データの依存関係を整理することでデータの管理を行いやすくするということです。

　正規化されたデータのことを**正規形**と呼びます。正規形には、第一正規形から第五正規形までがあります。リレーショナル・データベースでは、このうち第三正規形までを扱うのが一般的です。

　以下に、それぞれの正規形の定義を示します。

（1）第一正規形

　表のどの属性の値も、それ以上分解できない値になっている。

（2）第二正規形

　第一正規形の表において、すべての非キー属性※が、主キーに対して完全関数従属である。

※ 非キー属性とは、キーとして定義されていない列（属性）のことです。

（3）第三正規形

　第二正規形の表において、すべての非キー属性が推移従属でない。

　以降では、これらの正規形についてさらに詳しく説明します。

4-3.2 第一正規形

第一正規形とは、わかりやすくいえば1つの欄には1つの値しか入らない表のことです。例えば、表4.2に示す個人資格表は1つの欄に2つ以上の値が入っているため、第一正規形とは呼べません。

表4.2 1つの欄に1つ以上の値をもつ個人資格表

社員番号	氏名	所属コード	所属名	資格コード	資格名
0001	赤岩　圭吾	1000	経理部	11	簿記
				20	普通免許
				10	会計士
0002	岩下　つとむ	1001	人事部	20	普通免許
0003	上田　健二	1001	人事部	20	普通免許
0004	木下　順平	1002	営業部	21	英検1級
0005	坂田　圭吾	1000	経理部	11	簿記
0006	野村　伸治	1002	営業部	20	普通免許
1000	清水　さおり	1000	経理部	21	英検1級
				11	簿記
1001	田中　真弓	1001	人事部	20	普通免許
1002	津田　あかね	1000	経理部	11	簿記
1003	深町　智子	1002	営業部	22	情報処理2種
				21	英検1級
				20	普通免許

リレーショナル・データベースでは、このような1つの欄に2つ以上の値をもつ表を許していません。リレーショナル・データベースで利用できる表は、平坦な二次元の表に限られています。したがって、リレーショナル・データベースで利用するには、この表を平坦な二次元の表に変換する必要があります。

表 4.3 は、表 4.2 を平坦な表に変換したものです。この表 4.3 のような形を第一正規形と呼びます。

表 4.3　第一正規形に正規化した個人資格表

社員番号	氏名	所属コード	所属名	資格コード	資格名
0001	赤岩　圭吾	1000	経理部	11	簿記
0001	赤岩　圭吾	1000	経理部	20	普通免許
0001	赤岩　圭吾	1000	経理部	10	会計士
0002	岩下　つとむ	1001	人事部	20	普通免許
0003	上田　健二	1001	人事部	20	普通免許
0004	木下　順平	1002	営業部	21	英検 1 級
0005	坂田　圭吾	1000	経理部	11	簿記
0006	野村　伸治	1002	営業部	20	普通免許
1000	清水　さおり	1000	経理部	21	英検 1 級
1000	清水　さおり	1000	経理部	11	簿記
1001	田中　真弓	1001	人事部	20	普通免許
1002	津田　あかね	1000	経理部	11	簿記
1003	深町　智子	1002	営業部	22	情報処理 2 種
1003	深町　智子	1002	営業部	21	英検 1 級
1003	深町　智子	1002	営業部	20	普通免許

リレーショナル・データベースでデータを取り扱うためには、最低限、この第一正規形である必要があります。

4-3.3　第二正規形

第一正規形への正規化では、中身のデータの関係を考えずに、表の形式的な部分をリレーショナル・データベースで利用できるように変換するだけです。第二正規形以降の正規化では、さらにデータの意味的な関係に注目してデータ項目が重複しないように表を分割していきます。ただし、表の分割においては表の意味が失われないようにする必要があります。4-3.1 項で、第二正規形とは「第一正規形の表において、すべての非キー属性が、主キーに対して**完全関数従属**である」と説明しました。では、**関数従属**とはどのようなことを指すのでしょうか。

　関数従属とは、ある列（もしくは、列の組）が決まると、対応する列の項目が一意に決まるというものです。このように対応する列項目を一意に決める列を主キーと呼びます。このとき、対応する列項目を一意に決める列が複数（列の組み）ある場合は**複合キー**と呼びます。このような関係は、**関数従属性**または**機能従属性**と呼ばれます。

　例えば、表中の列 X と Y に関数従属性がある場合には、以下のように表現します。

$$X \rightarrow Y$$

　第二正規形への正規化では、関数従属している列項目を取り出して新たな表の作成を行います。表 4.3 を使って、具体的に説明しましょう。

　表 4.3 を見ると次のような関数従属性があることがわかります。

　　社員番号 → 氏名，所属コード，所属名
　　{ 社員番号，資格コード } → 資格名

　この場合、後者は 2 つの属性（列）に資格名が従属しています。この関数従属をもとにして表を分割したのが図 4.4 です。このように正規化しても、外部キー（この例では社員番号）により 2 つの表の関係が保たれるため、2 つの表のデータ間の関係も保たれることになります。

社員番号	氏名	所属コード	所属名	資格コード	資格名
0001	赤岩　圭吾	1000	経理部	11	簿記
⋮	⋮	⋮	⋮	⋮	⋮

社員番号→氏名、所属コード、所属名の関係で表を分割

{社員番号、資格コード} →資格名の関係で表を分割

社員番号	氏名	所属コード	所属名
0001	赤岩　圭吾	1000	経理部
⋮	⋮	⋮	⋮

社員番号	資格コード	資格名
0001	11	簿記
⋮	⋮	⋮

図 4.4　第二正規形への正規化

4-3.4　第三正規形

　第三正規形への正規化では、第二正規形に加えて、さらに推移従属関係が存在する部分を取り出して、新たな表を作成します。

　推移従属とは、隠れた従属関係といわれるもので、先ほど第二正規形に正規化した表の中では、次の部分がこれ（隠れた従属関係）にあたります。

　　　社員番号 → 所属コード → 所属名

　これを従属関係であるとして表を整理すると、表 4.3 は最終的には次のような 3 つの表に分割することができます（図 4.5）。

　　　社員番号 → 氏名、所属コード
　　　{社員番号, 資格コード} → 資格名
　　　所属コード → 所属名

社員番号	氏名	所属コード	所属名	資格コード	資格名
0001	赤岩　圭吾	1000	経理部	11	簿記
⋮	⋮	⋮	⋮	⋮	⋮

社員番号→氏名、所属コード、所属名の関係で表を分割

{社員番号、資格コード}→資格名の関係で表を分割

社員番号	氏名	所属コード	所属名
0001	赤岩　圭吾	1000	経理部
⋮	⋮	⋮	⋮

社員番号	資格コード	資格名
0001	11	簿記
⋮	⋮	⋮

社員番号→氏名、所属コードの関係で表を分割

所属コード→所属名の関係で表を分割

社員番号	氏名	所属コード
0001	赤岩　圭吾	1000
⋮	⋮	⋮

所属コード	所属名
1000	経理部
⋮	⋮

図 4.5　第三正規形への正規化

これで、表 4.3 を第三正規形まで正規化できました。

図 4.5 のように、推移従属関係を分離した表を第三正規形と呼びます。なお、第三正規形まで行えば主キー以外の列（属性）が互いに独立した形になります。このため、ある属性を変更した場合でも、他の非キー属性には影響をおよぼさないことになります。このように属性の独立性を上げることができるのが、正規化のメリットです。

以上で正規化に関する説明は終わりです。正規化は、データベースを作成する際には必ず考えなければならない重要なことですので、データベースを設計するときには、このようなことを考えながら表の分離を行う必要があります。

4-4 データベースの検索（1 つの表に対する検索）

4-4.1　問い合わせ

リレーショナル・データベースでもっとも頻繁に利用されるのが、ここで説明する**問い合わせ**です。問い合わせとは、1 つまたは複数の表から、条件に一致する行を抽出する操作です。この問い合わせを行う SQL が SELECT 文です。以下に、SELECT 文の構文を示します。

SELECT の構文

```
SELECT {* | 列名リスト}
FROM  表名リスト
[WHERE  条件]
[GROUP BY  列名リスト]
[HAVING  検索条件]
[ORDER BY  列名リスト]
```

```
列名リスト := 列名 <,列名> ... <,列名>
表名リスト := 表名 <,表名> ... <,表名>
```

※ SELECT に続く列名リストには、列名以外にも定数や算術演算式を指定することができます。詳しくは、第 7 章の実践問題 25，26 を参照してください。また、SELECT に続く列名リストで指定する列名は、AS により名前をつけかえて表示することができます。詳しくは、第 7 章の実践問題 27 を参照してください。

SELECT 文では、FROM に続けて検索を行う表を指定します。また、

WHERE 句には、検索条件を記述します。WHERE 句を用いて条件に一致する行を取り出すことを**選択**と呼びます。

　GROUP BY 句は、ある列の値と集合関数を用いて表（行の集合）をグループ化する場合などに利用します。HAVING 句は、GROUP BY 句でグループ化した表に対する検索条件の指定に利用します。また、ORDER BY 句は、行の並べ替え（ソート）に利用します。GROUP BY 句と ORDER BY 句の使い方については、第 7 章の実践演習を参照してください。SELECT 文では、これらを組み合わせて、目的の表を導出します（図 4.6）。

　なお、SELECT に続く列名リストのかわりに *（アスタリスク）を用いることで、すべての列を指定した場合と同じ問い合わせ結果を得ることができます。

　4-4 節と 4-5 節では、この SELECT 文を用いた問い合わせについて説明します。また、実際の問い合わせ方法については、第 7 章の実践演習を参照してください。

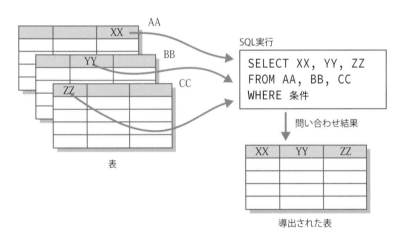

図 4.6　SELECT 文による表の導出

 4-4 の説明では、わかりやすくするためにテーブル名、列名に日本語を使っています。しかしながら、実践演習で利用する SQL トレーナーは、テーブル名、列名に日本語名が使えません。本章の例を SQL トレーナーで試したい場合には、日本語名のテーブル名、列名をアルファベット表記に置き換えてください（例えば、社員表→ SHAINHYOU など）。

4-4.2　射影

FROM句で指定される表から、SELECTで指定された列名リストを取り出す操作を**射影**と呼びます。例4.9は、表4.4の社員表のすべての列を取り出す問い合わせの例です。

表4.4　社員表

社員番号	氏名	所属コード
0001	赤岩　圭吾	1000
0002	岩下　つとむ	1001
0003	上田　健二	1001
0004	木下　順平	1002

例4.9：表のすべての情報を表示する（1）

入力　　SELECT 社員番号,氏名,所属コード FROM 社員表

出力

社員番号	氏名	所属コード
0001	赤岩　圭吾	1000
0002	岩下　つとむ	1001
0003	上田　健二	1001
0004	木下　順平	1002

この問い合わせは、以下のようにアスタリスク（*）を用いて記述することもできます。

例4.10：表のすべての情報を表示する（2）

入力　　SELECT * FROM 社員表

出力

社員番号	氏名	所属コード
0001	赤岩　圭吾	1000
0002	岩下　つとむ	1001
0003	上田　健二	1001
0004	木下　順平	1002

　また、社員表から社員の名前だけを取り出したい場合は、次のように列名リストに「氏名」だけを指定します。

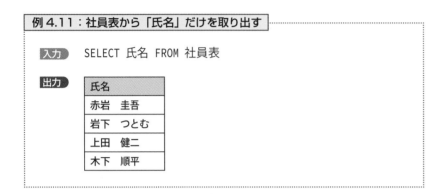

例 4.11：社員表から「氏名」だけを取り出す

入力　　SELECT 氏名 FROM 社員表

出力

氏名
赤岩　圭吾
岩下　つとむ
上田　健二
木下　順平

4-4.3　選択

　WHERE 句を用いて表の中から特定の行だけを取り出す操作を**選択**と呼びます。WHERE 句で指定できる検索条件を、表 4.5 に示します。

表 4.5　WHERE 句で指定できる検索条件

条件指定	機能
比較演算子	＝　　等しい　　　　　　　＜　　より小さい ＜＞　等しくない　　　　　＞＝　以上 ＞　　より大きい　　　　　＜＝　以下
BETWEEN	式 or 値　[NOT] BETWEEN　式 or 値　AND　式 or 値
LIKE	列名　LIKE　パターン ＜パターンの書式＞ ％は任意の N 文字からなる文字列 ＿は任意の 1 文字 その他は、その文字列自身
NULL	列名　IS　[NOT] NULL
IN	式　[NOT] IN（値 [、値、値]） 式　[NOT] IN（副問い合わせ）

※ 文字列型の値を指定する場合には、シングルクオート（'）を用います。

　以下に、選択の例をいくつか示します。なお、ここでは表 4.4 の社員表を問い合わせに利用しています。

> 表 4.4 の社員表では、社員番号および所属コードは文字列（CHAR）型で定義されています。文字列型の値を指定する場合には、シングルクオート（'）を用いて '1000' という形で指定します。

例 4.12：所属コードが 1001 の社員を選択

入力　SELECT * FROM 社員表
　　　WHERE 所属コード='1001'

出力

社員番号	氏名	所属コード
0002	岩下　つとむ	1001
0003	上田　健二	1001

例 4.13：社員番号が 0001 から 0003 までを選択し「社員番号」「氏名」を調べる

入力　SELECT 社員番号,氏名 FROM 社員表
　　　WHERE 社員番号 BETWEEN '0001' AND '0003'

出力

社員番号	氏名
0001	赤岩　圭吾
0002	岩下　つとむ
0003	上田　健二

例 4.14：氏名に"つとむ"を含む社員を選択し「社員番号」「氏名」を調べる

入力　SELECT 社員番号,氏名 FROM 社員表
　　　WHERE 氏名 LIKE '%つとむ%'

出力

社員番号	氏名
0002	岩下　つとむ

4-4.4　集合関数（集約関数）

SQL による問い合わせでは、条件により特定の行や列を導出（射影や選択）するという操作だけでなく、それらのデータをグループ化して集計するといった操作を行うこともできます。このような操作を行うための関数を**集合関数**または**集約関数**と呼びます。

集合関数には、表 4.6 に示す 5 種類があります。

図 4.6　集合関数

関数名	説明
SUM	総和
AVG	平均
MAX	最大値
MIN	最小値
COUNT	総数（条件にあう行数）

以下に、これらの集合関数を利用した例をいくつか示します。なお、ここでは表 4.7 の価格表を問い合わせに利用しています。

表 4.7　価格表

商品コード	商品名	価格
0001	コーヒー	1,020
0002	紅茶	880
0003	アップルティー	900
0004	ウーロン茶	1,200

例 4.15：価格が 1000 円以上の商品の数を調べる

入力
```
SELECT COUNT(*) FROM 価格表
WHERE 価格>=1000
```

出力

COUNT(*)
2

例 4.16：もっとも安い商品の価格を調べる

入力　SELECT MIN(価格) FROM 価格表

出力

MIN(価格)
880

例 4.17：価格表のすべての商品の価格の合計を調べる

入力　SELECT SUM(価格) FROM 価格表

出力

SUM(価格)
4,000

4-5 データベースの検索（複数の表に対する検索）

4-5.1　結合

　2つ以上の表に対して行う基本的な問い合わせが、ここで説明する**結合**です。結合とは、定義域が同じ列の値を使って複数の表をつなげる操作です。

　結合を行う場合は、SELECT 文の WHERE 句で結合条件を指定します。以下に、結合を行う SQL 文の書式を示します。この文では、表名 N と表名 M の列名で指定される列の値を比較し、同じ値をもつ行が結合されます。

結合の書式

```
SELECT 列名リスト
FROM 表名リスト
WHERE 表名N.列名 = 表名M.列名
```

以下に、結合の例をいくつか示します。なお、ここでは表 4.8 の社員表
2 と表 4.9 の部門表を問い合わせに利用しています。

表 4.8　社員表 2

社員番号	氏名	所属コード
0007	山田　浩次	1000
0008	東野　雅晴	1002
1004	瀧口　美香	1000

表 4.9　部門表

所属コード	部署名
1000	経理部
1001	人事部
1002	営業部

例 4.18：社員表 2 と部門表を結合する

入力
```
SELECT * FROM 社員表2,部門表
WHERE 社員表2.所属コード = 部門表.所属コード
```

出力

社員番号	氏名	所属コード	所属コード	部署名
0007	山田　浩次	1000	1000	経理部
0008	東野　雅晴	1002	1002	営業部
1004	瀧口　美香	1000	1000	経理部

例 4.19：社員表 2 と部門表を結合し「社員番号」「氏名」「部署名」を取り出す

入力
```
SELECT 社員番号,氏名,部署名
FROM 社員表2,部門表
WHERE 社員表2.所属コード = 部門表.所属コード
```

出力

社員番号	氏名	部署名
0007	山田　浩次	経理部
0008	東野　雅晴	営業部
1004	瀧口　美香	経理部

4-5.2　和集合

　2 つの問い合わせ結果をつなぎ合わせる場合に利用するのが**和集合**です。
和集合の指定には、UNION 節を用います。この操作により、2 つの問い合

わせ結果を縦方向につなげることができます。ただし、和集合を行うためには次の条件を満たさなければなりません。なお、この条件を**和両立**と呼びます。

（1）2つの表の列の数は同じでなければならない
（2）対応する列のデータ型（定義域）が同じでなければならない

　上記の条件を満たさない場合、和集合をとることはできません。
　以下に、和集合の書式を示します。

　　和集合の書式

```
SELECT文
UNION
SELECT文
```

　以下に、和集合の例を示します。なお、ここでは表 4.4 の社員表を問い合わせに利用しています。

例 4.20：社員表から所属コードが 1000 と 1002 の社員を取り出す

入力
```
SELECT * FROM 社員表 WHERE 所属コード='1000'
UNION
SELECT * FROM 社員表 WHERE 所属コード='1002'
```

出力

社員番号	氏名	所属コード
0001	赤岩　圭吾	1000
0004	木下　順平	1002

4-5.3　差集合

　2つの表で、1つの表には存在し、もう1つの表には存在しない行を求める場合に利用するのが**差集合**です。差集合の指定には EXCEPT 節を用います。
　以下に、差集合の書式を示します。差集合は、UNION が EXCEPT に置き換わった以外は和集合の書式と同じです。

差集合の書式

SELECT文
EXCEPT
SELECT文

 添付の SQL トレーナーでは、EXCEPT 節を利用することができません。

4-5.4　共通集合

　2 つの表で共通の集合を問い合わせる場合に利用するのが**共通集合**です。共通集合の指定には INTERSECT 節を用います。

　以下に、共通集合の書式を示します。共通集合は、UNION が INTERSECT に置き換わった以外は和集合の書式と同じです。

共通集合の書式

SELECT文
INTERSECT
SELECT文

 添付の SQL トレーナーでは、INTERSECT 節を利用することができません。

4-5.5　副問い合わせ

　SQL による問い合わせでは、WHERE 句の中でさらに SELECT を用いた問い合わせを行うことができます。この入れ子になった問い合わせの部分を**副問い合わせ**と呼びます。例えば、「ある SELECT 文の結果を使って、さらに行や列を取り出したい」といった場合に、この副問い合わせを利用します。入れ子は、基本的に何重になっていてもかまいません。

　ある問い合わせ結果を他の問い合わせに利用するという副問い合わせは、これまでの結合や集合が非手続き的な指定であったのに対して、手続き的な発想を含んだ問い合わせ方法です。

　副問い合わせの結果は、比較演算子と IN、ALL、SOME、ANY、EXISTS などの述語を組み合わせて主問い合わせの中で利用することができます。

副問い合わせの結果と組み合わせて利用できる比較演算子と述語を表 4.10
に示します。

　比較演算子だけを利用する問い合わせは、副問い合わせの結果が 1 つの
場合[※1] にのみ有効です。副問い合わせの結果が複数ある場合[※2] は、比較
演算子と ALL および SOME、ANY を組み合わせて利用します。SOME は、
副問い合わせの結果中の少なくとも 1 つの値が真であれば真となるもので、
ANY は SOME と同じ意味になります。

　EXISTS（NOT EXISTS）は、条件に合致するもの（合致しないもの）が
存在するかどうかを知りたい場合に利用します。そのため、EXISTS を用い
る問い合わせだけは、副問い合わせで「SELECT *」といった記述が可能で
す。ただし、副問い合わせの結果は 1 つの列名だけしか指定することがで
きません。

　残りの IN と比較演算子は、対象が副問い合わせの結果である以外は、選
択で説明したものと同じです。

[※1] 1 つの列で、か
つ 1 つの行である場合。

[※2] 複数（行）の場
合でも、列は 1 つでな
ければなりません。

表 4.10　副問い合わせの記述

条件指定	機能
比較演算子 (=、<>、>、<、 <=、>=)	副問い合わせの結果と列の比較を行い、条件を満たす行を指定する。 ＜記述様式＞ 列名 or 値　比較演算子（副問い合わせ）
IN	副問い合わせの結果に含まれる（含まれない）列を指定する。 ＜記述様式＞ 列名 or 値　[NOT] IN　（副問い合わせ）
ALL	すべての副問い合わせ結果に対して条件を満たす行を指定する。 ＜記述様式＞ 列名 or 値　比較演算子　ALL　（副問い合わせ）
SOME, ANY	少なくとも 1 つの副問い合わせ結果に対して条件を満たす行を指定する。 ＜記述様式＞ 列名 or 値　比較演算子　SOME	ANY　（副問い合わせ）
EXISTS	副問い合わせの結果に存在する（存在しない）行を指定する。 ＜記述様式＞ [NOT] EXISTS　（副問い合わせ）

　以下に、副問い合わせの例をいくつか示します。なお、ここで表 4.4 の
社員表と表 4.9 の部門表を問い合わせに利用しています。言葉ではわかり
にくい副問い合わせですが、実際の例を見ればその使い方は理解できると
思います。以下の例のように、SELECT 文の中にある SELECT 文が副問い
合わせとなります。

例 4.21：社員番号が 0002 以下の社員の「部署名」を抽出

入力
```
SELECT 部署名 FROM 部門表
WHERE 所属コード IN (
SELECT 所属コード FROM 社員表
WHERE 社員番号 <= '0002'
)
```

出力

部署名
経理部
人事部

例 4.22：社員表に含まれるすべての所属コードに対応する「部署名」を抽出

入力
```
SELECT 部署名 FROM 部門表
WHERE EXISTS (
SELECT * FROM 社員表
WHERE 社員表.所属コード=部門表.所属コード
)
```

出力

部署名
経理部
人事部
営業部

　なお、例 4.22 の問い合わせは、次の SQL 文でも行うことができます。

入力
```
SELECT DISTINCT 部署名 FROM 社員表,部門表
WHERE 社員表.所属コード=部門表.所属コード
```

ここで利用した DISTINCT は、異なる部署名を問い合わせるという意味です。このように指定することで、異なる値をもつものだけが問い合わせ結果として表示されるようになります。

4-6　データベースの更新

4-6.1　行の挿入

　1つの表に対して行の挿入操作を行う場合に利用するのが INSERT 文です。INSERT 文を用いることで、1 行または複数の行を挿入することができます。なお、複数行の挿入は、SELECT 文の問い合わせ結果を挿入するという形になります。つまり、複数行の挿入は、表に対する問い合わせ結果の挿入を行う場合のみで、データベースに存在しない新たな値を挿入する場合は、INSERT 文を用いて値を 1 つ 1 つ挿入していく必要があります。

　以下に、INSERT 文の構文を示します。

INSERT の構文

【1行の挿入】
```
INSERT INTO 表名
[(列名, 列名, ...)]
VALUES (値 or NULL, 値 or NULL, ... )
```

【複数行の挿入】
```
INSERT INTO 表名
[(列名, 列名, ...)]
SELECT文
```

　以下に、行を挿入する SQL の例をいくつか示します。なお、ここでは表
4.4 の社員表と表 4.8 の社員表 2 を利用しています。

例 4.23：社員表に 1 行を挿入する（1）

入力
```
INSERT INTO 社員表
VALUES ('0005', '山田　清司', '1000')
```

例 4.24：社員表に 1 行を挿入する（2）

入力
```
INSERT INTO 社員表(社員番号,氏名,所属コード)
VALUES ('0005', '山田　清司', '1000')
```

例 4.25：社員表に社員表 2 を挿入する

入力
```
INSERT INTO 社員表
SELECT * FROM 社員表2
```

　なお、挿入（INSERT）や更新（UPDATE）、削除（DELETE）を行った
結果は、SELECT 文を用いた問い合わせで確認できます。

例 4.26：社員表の挿入結果を確認する

入力
```
SELECT * FROM 社員表
```

出力

社員番号	氏名	所属コード
0001	赤岩　圭吾	1000
0002	岩下　つとむ	1001
0003	上田　健二	1001
0004	木下　順平	1002
0005	山田　清司	1000
0007	山田　浩次	1000
0008	東野　雅晴	1002
1004	瀧口　美香	1000

4-6.2　表の更新

　表（列の値）の更新に利用するのが UPDATE 文です。すでに登録されている行が操作対象となります。UPDATE 文では、WHERE 句の検索条件と一致する行に対して、キーワード SET で指定された列の値を更新します。

　以下に、UPDATE 文の構文を示します。

UPDATE の構文

```
UPDATE 表名
SET 列名=値 or 式 or NULL
[,SET 列名=値 or 式 or NULL ...]
[WHERE 検索条件]
```

　以下に、列の値を更新する SQL の例を示します。なお、ここでは表 4.4 の社員表と表 4.7 の価格表を利用しています。

例 4.27：岩下社員の所属コードを '1000' に変更する

入力
```
UPDATE 社員表
SET 所属コード='1000'
WHERE 社員名='岩下　つとむ'
```

例 4.28：価格に消費税（8%）を加える

入力
```
UPDATE 価格表
SET 価格=価格*1.08
```

4-6.3　行の削除

　表から行を削除する場合に利用するのが DELETE 文です。DELETE 文で削除されるのは、WHERE 句の検索条件と一致する行です。なお、WHERE 句を省略した場合は、表のすべての行が削除されてしまいますので注意してください。

以下に、DELETE 文の構文を示します。

DELETE の構文

```
DELETE FROM 表名
[WHERE 検索条件]
```

以下に、行を削除する SQL の例を示します。なお、ここでは表 4.8 の社員表 2 を利用しています。

例 4.29：所属コードが '1002' の行を削除する

入力
```
DELETE FROM 社員表2
WHERE 所属コード='1002'
```

4-7 トランザクション

　クライアント／サーバー型の大規模データベースでは、複数のユーザーから同時にアクセスされることが一般的です。

　例えば、列車や飛行機の予約システムを考えてみてください。このような予約システムでは、各営業所に予約を行うための端末があり、それぞれの端末から空席の照会、座席の予約、キャンセルが頻繁に行われています。このとき、すべての端末が空席の照会（データの読み出し）だけを行うのであれば問題は発生しません。しかし、座席の予約を行う場合は、データベースの更新に気をつけないとダブルブッキングなどの問題が発生してしまうかもしれません（図 4.7）。

　このような場合、座席の予約開始と同時にデータベース（全体または一部）をロックし、更新後にそのロックを解除するといった操作が必要になります。データベースを一時的にロックして、他からアクセスできないようにすることで、予約の衝突を防ぐわけです。

　ロック制御を行わず 2 つの予約が衝突した場合には、データベースのつ

じつまを合わせるための処理が必要になります。

　多くのデータベースでは、データ衝突によるデータ矛盾が生じたときには、**ロールバック**と呼ばれる処理を行い、データベースを更新前の状態に戻します。

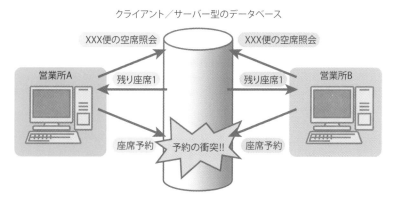

図 4.7　予約の衝突例

　このようなデータベースのつじつまを合わせるための制御は**同時実行制御**と呼ばれ、この制御を行う場合の処理の最小単位を**トランザクション**と呼びます。予約システムの例では、予約が開始してから座席予約が完了するまでの一連の SQL 文を 1 トランザクションとしておくことで予約作業の取り消しやロックの処理が行いやすくなります。

　DBMS によっては BEGIN TRANSACTION などの指示文を用いてトランザクションを開始できるシステムもありますが、SQL2 ではトランザクションの開始を明示的に示すことができないため、"トランザクションの開始はプログラム中で初めて SQL 文が指示されたとき"などとするしかありません。

　トランザクションの終了は COMMIT 文または ROLLBACK 文で明示的に指定します。トランザクション中の一連の SQL 文がすべて正しく処理された場合には、COMMIT 文によりトランザクション内で行った更新処理を実際のデータベースに反映させます。SQL 文が正しく処理されなかった場合には、ROLLBACK 文によりトランザクション内で行った処理を無効にします。

トランザクションの正常終了

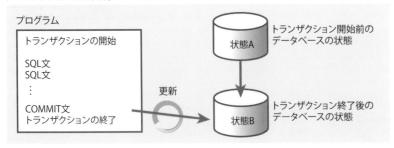

トランザクションの異常終了

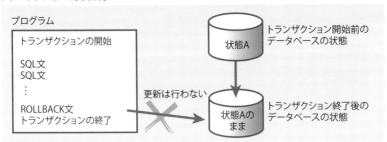

図4.8　トランザクション

　データベースの更新をトランザクション終了時に行うことで、複数の
ユーザーが同時にアクセスする場合でもデータベースのデータを正しい状
態に保つことができます。なお、トランザクションは基本的には不可分な
（分けることができない）処理として実行されます。

第5章

SQL 学習アプリケーションの 使い方

5-1　SQL トレーナーの概要

　この章では、本書のダウンロードサービスで提供する SQL 実行環境「SQL トレーナー」の利用方法について説明します。第 6 章から第 8 章では、SQL トレーナーを利用した実践演習が中心になりますので、SQL トレーナーの使い方を十分把握しておいてください。

　SQL トレーナーは、オープンソースのデータベース Firebird を利用して基本的な SQL を学習するための専用アプリケーションです。本書の改訂に伴い、新たに Windows 11 で動作することを確認しました。Windows 7、8、10 などの従来の OS にも変わらず対応しています。スペルミスを防ぐ SQL 文の自動補完機能や、入力履歴から SQL 文を簡単に再実行したり、メニュー操作でデータベースの状態を初期化するなど、さまざまな機能によって SQL の学習を円滑に進められるようになっています。

> SQL トレーナーは、CREATE DATABASE など、一部の SQL 文の実行をサポートしていません。本書の実践演習の範囲以外の SQL 文を実行する場合には、注意してください。

　なお、SQL トレーナーをインストールすると、同時に第 6 章以降で利用する例題データベースがインストールされます。インストールされるデータベースの表定義については、5-4 節で一覧を示していますので、演習前に確認しておいてください。

5-2　インストール

5-2.1　インストール手順

　ここでは、SQL 学習専用アプリケーション「SQL トレーナー」のインストール方法について説明します。

　SQL トレーナーを実行するには、オープンソース RDBMS の Firebird が必要です。Firebird はボーランド社の DBMS の InterBase から派生したもので、InterBase Public Licence によってライセンスされているデータベースです。本節では、（1）Firebird のインストール、（2）SQL トレーナーのインストールの順にインストール方法を解説します。

　なお、キャプチャ画面はすべて Windows 11 でのインストール画面です。Windows 10/8/7 では若干画面が異なるかもしれませんが、インストール手順は同じです。

　なお、SQL トレーナーのインストール方法として、インストーラを利用した方法と圧縮ファイル（Zip ファイル）を利用したものの 2 つを用意しました。通常はインストーラを利用したインストールを行い、**インストーラを使いたくない人だけ**、Zip ファイルを利用したインストールを行ってください。

5-2.2　Firebird のインストール

ステップ 1（Firebird のインストーラの起動）

　ダウンロードサービスから取得した Zip ファイルを展開し、その中の Install フォルダにある、「Firebird-2.5.9.27139_0_Win32.exe」をダブルクリックしてインストーラを起動します※。

Firebird-2.5.9.271
39_0_Win32.exe

SQLトレーナー
2_setup.exe

この時、「不明な発行元からのアプリがデバイスに変更を加えることを許可しますか？」のダイアログが表示されることがありますが、「はい」をクリックして進めてください。

※ユーザーアカウント制御（UAC）のダイアログなどで確認が入ることがありますが、「許可（A）」ボタンを押して実行してください。

※本書のダウンロードサービスのファイルに収録されている Firebird は、バージョン 2.5 系列の最終版です。なお、Firebird のより新しい版であるバージョン 3、バージョン 4 では、SQL トレーナーは実行できませんのでご注意ください。

ステップ 2（セットアップ言語の選択）

　Firebird のインストーラを起動すると、言語選択「Select Setup Language」ダイアログが表示されます。残念ながら日本語はないので、English を選択して［OK］ボタンを押します。

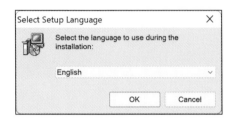

ステップ 3（セットアップ開始画面の表示）

　言語を選択するとセットアップの開始画面が表示されます。［Next>］ボタンを押して次に進んでください。

ステップ 4（ライセンス確認）

　ライセンス確認の画面が表示されます。ライセンス内容を確認し、［I accept the agreement］を選択し契約に同意し、［Next>］ボタンを押して次に進んでください。

　なお、ライセンス契約内容は必ず目を通して確認してください。

※ インターネットにライセンス内容の和訳（InterBase Public License の和訳）などがあるようです。英語が苦手な方はそちらを参考にすればよいかと思います（Google などの検索サイトで「InterBase Public License 和訳」などすれば見つけられると思います）。

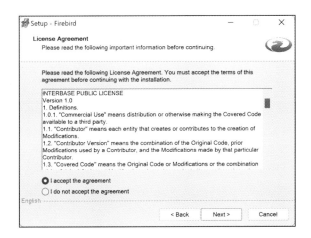

ステップ 5（情報の確認）

　ライセンスに同意すると、重要な情報の確認画面が表示されます。内容
を確認し、[Next>] ボタンを押して次に進んでください。

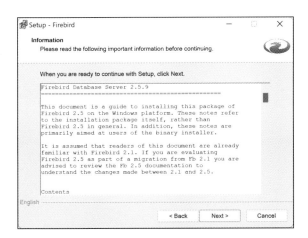

ステップ 6（インストールフォルダの選択）

　インストールするフォルダを設定する画面が表示されます。デフォルト
は「C:¥Program Files (x86)¥Firebird¥Firebird_2_5」になっていると思い
ます。特に変更する必要はないので、このまま [Next>] ボタンを押して次
に進んでください。

　なお、インストールフォルダを上記以外に変更した場合は、5-3.1 節で説

※ 32 ビ ッ ト 版 の
Windows にインスト
ー ル す る 場 合 は、
「Program Files (x86)」
フォルダの名前を
「Program Files」に読
み替えてください。

明しているフォルダをインストールしたフォルダに読みかえる必要があります。

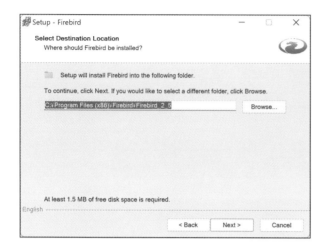

ステップ7（インストールするコンポーネントの選択）

インストールするコンポーネントを選択します。［Full installation of Server and development tools.］のまま、特に設定を変えずに［Next>］ボタンを押して次に進みます。設定が下図と同じになっているか確認してください。

ステップ 8 (スタートメニューの設定)

　スタートメニューのフォルダ設定です。特に変更する必要はありません。
[Next>] ボタンを押して次に進んでください。

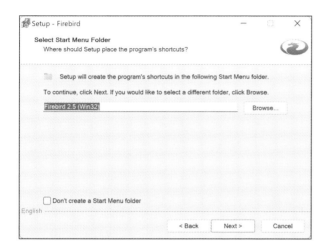

ステップ 9 (追加設定)

　追加の設定です。ここは、デフォルト設定のまま変更せずに [Next>] ボ
タンを押して次に進んでください。

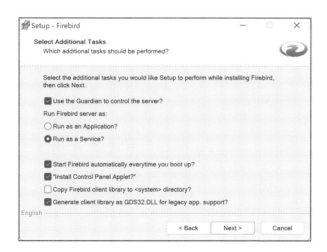

ステップ 10（インストール前の確認）

　インストール前の最後の設定の確認です。［Install］ボタンを押すとインストールが行われます。

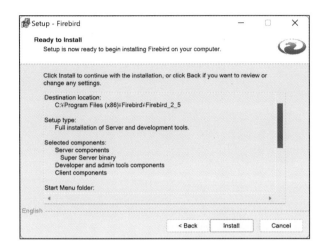

ステップ 11（インストール中の画面）

　インストール中の画面です。インストールが完了すると次の画面に進みます。

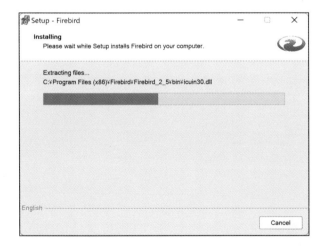

ステップ 12 (情報の確認)

内容を確認し、[Next>] ボタンを押して次に進みます。

ステップ 13 (インストールの完了)

　インストールの完了画面が表示されます。[Start Firebird Service Now?] をチェックした状態で [Finish] ボタンを押してください。

　以上で Firebird のインストールの完了です。次に SQL トレーナーをインストールします。

5-2.3 SQL トレーナーのインストール（インストーラ利用）

ステップ 1（SQL トレーナーのインストーラの起動）

Install フォルダにあるもう 1 つのファイル「SQL トレーナー 2_setup.exe」をダブルクリックしてインストーラを起動します。

Firebird-2.5.9.271
39_0_Win32.exe

SQLトレーナー
2_setup.exe

インストーラを起動すると、「この不明な発行元からのアプリがデバイスに変更を加えることを許可しますか？」というダイアログが表示されます。ここで、OK を押せばインストーラが起動します。

ステップ 2（セットアップの開始）

セットアップの開始画面が表示されます。［次へ (N)>］ボタンを押して次に進みます。

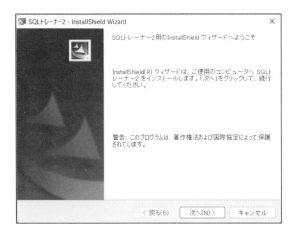

ステップ3（インストール前の確認）

インストールの準備画面です。［インストール (I)］ボタンを押すとインストールを開始します。

ステップ4（インストール中の画面）

インストール中の画面です。しばらく待つとインストールが完了します。

ステップ 5（インストールの完了）

インストールの完了画面です。［完了 (F)］を押してインストールを完了
させてください。

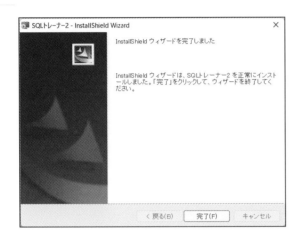

5-2.4　SQL トレーナーのインストール（圧縮ファイルの利用）

ZIP フォルダにある「SQL トレーナー 2.zip」を好きな場所で展開してくだ
さい。Windows 11 の場合は、ファイルを右クリックして「すべて展開 ...」
を選択し、指示に従ってください。

5-2.5　アンインストール手順

スタートメニューを右クリックするか、または Windows キーを押しな
がら X キーを押して表示されるメニューから［コントロールパネル (P)]
を選択して開きます（Windows 11 では、「設定」→「アプリ」）。そして、
「プログラムのアンインストール」（Windows 11 では「アプリと機能」）を
クリックして表示される一覧から、「Firebird 2.5.9」と「MSI to
redistribute MS VS2005 CRT libraries」および「SQL トレーナー 2」を選
択してアンインストールします。

Windows 10 の場合は、スタートメニューから［設定］を開き、［システ
ム］、［アプリと機能］を順番に選択して表示される一覧からアンインス
トールすることもできます。また、Windows 7 ではスタートメニューから
直接コントロールパネルを開くことができます。

　なお、設定ファイルなど更新されたファイルは自動的に削除されません。上記操作でアプリケーションを削除した後に、インストールされたフォルダ（C:¥Program Files (x86)¥Firebird¥Firebird_2_5 や C:¥Program Files (x86)¥Cutt¥SQLTrainer2 など）を直接削除してください。

　以上でアンインストールは完了です。

　なお、圧縮ファイルを利用した方はインストールしたフォルダと、ドキュメントフォルダ（マイドキュメント）の Cutt フォルダを削除するだけで OK です。

※ 32 ビット版の Windows にインストールした場合は、「Program Files (x86)」フォルダではなく「Program Files」フォルダになります。

5-3 SQL トレーナーの使い方

5-3.1　Firebird のパスワード変更

　Firebird をセットアップした状態では、データベースにアクセスできるシステム管理者（ユーザー SYSDBA）のみ登録されています。SYSDBA のデフォルトのパスワードは次のように設定されています。

> システム管理者
> ユーザー ID： SYSDBA
> パスワード：　masterkey

　このユーザーはデータベースに対して全権限をもっているユーザーですので、パスワードをデフォルトのまま利用するのはセキュリティの面で問題があります。

　まずは、このユーザーのパスワードを変更しましょう。

　パスワードを変更するには、Firebird 付属の gsec.exe というコマンドラインツールを利用します。Firebird を C:¥Program Files (x86)¥Firebird¥Firebird_2_5 にインストールした場合には、このツールは C:¥Program Files (x86)¥Firebird¥Firebird_2_5¥bin に格納されています。

※ 32 ビット版の Windows にインストールする場合は、「Program Files (x86)」フォルダの名前を「Program Files」に読み替えてください。

　コマンドラインツールなので少しだけ面倒かもしれませんが、説明に従ってパスワードの変更を行ってください。以下、手順を説明します。

ステップ 1 （コマンドプロンプトの起動）

　スタートメニューを右クリックするか、または Windows キーを押しながら X キーを押して表示されるメニューから ［コマンド プロンプト (C)］（Windows 11 の場合は「Windows ターミナル」）を選択して、コマンドプロンプトを起動します。Windows 7 では、スタートメニューから ［すべてのプログラム (P)］ － ［アクセサリ］ － ［コマンドプロンプト］ を選択して起動します。

ステップ 2 （フォルダの移動）

　まず、フォルダを C:¥Program Files (x86)¥Firebird¥Firebird_2_5¥bin に

移動します。コマンドプロンプトに以下のコマンドを入力し、フォルダを
移動してください。

入力   cd "C:¥Program Files (x86)¥Firebird¥Firebird_2_5¥bin"

　正しく移動できた場合は、プロンプトが「C:¥Program Files (x86)¥
Firebird¥Firebird_2_5¥bin>」という表示になります。

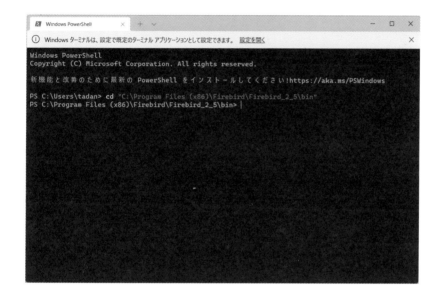

ステップ3（パスワードの変更）

　システム管理者SYSDBAのパスワードを変更します。以下のコマンドを
入力し、パスワードを変更してください。なお、-user -passwordがログイ
ンするユーザーのユーザー名とパスワード、-modifyが変更対象のユーザー、
-pwが新しいパスワードの設定になります。

　xxxxxxxxの部分に好きなパスワードを入れてください。実行するとSYS
DBAのパスワードが新しいパスワードに変更されます（**パスワードを忘れ
ないように注意してください**）。なお、次ページの図はパスワードに
hogehogeを設定した例です※。

※入力は改行せずに
1行（1文）で入力し
てください。

入力   gsec.exe -user sysdba -password masterkey
　　　　 -modify sysdba -pw xxxxxxxx

 パスワードの変更を行わなくても、SQL トレーナーを利用した演習は可能です。しかしながら、セキュリティの観点からパスワードの変更をお勧めします。

5-3.2　SQL トレーナーの起動

SQL トレーナーを起動する方法はいくつかあります。

（1）Windows メニューから起動

Windows の［スタート］－［すべてのアプリ］（または［すべてのプログラム (P)]）－［SQL トレーナー］－［SQL トレーナー 2］メニューを選択します。

（2）デスクトップのアイコンから起動

デスクトップにある SQL トレーナー 2 のアイコンをダブルクリックします。

（3）直接起動

SQL トレーナーをインストールしたフォルダにある、SQLTrainer.exe を

ダブルクリックして実行します。Zip を展開してインストールした方は、
こちらの方法で起動してください。

　SQL トレーナーを起動すると、下図のような「データベースに接続」ダ
イアログが表示されます。パスワード欄が空になっていると思いますので、
ここにパスワードを入力して接続ボタンをクリックしてください。

　すると、SQL トレーナーのメイン画面が表示されます。

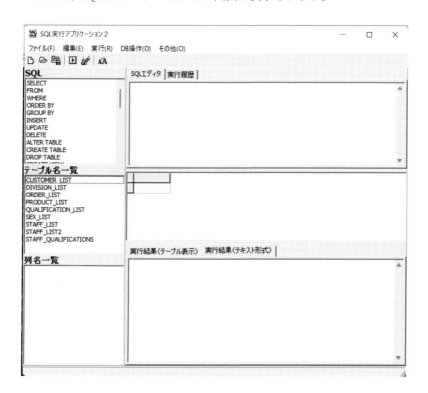

　なお、パスワードを間違った場合は、下図のようなダイアログが表示されます（パスワードが間違っていたためログインできない旨を示すダイアログ）。

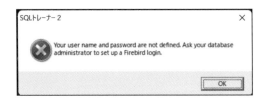

　パスワードを間違った場合でも［OK］ボタンを押すとメイン画面が表示されますが、この状態では、データベースへの接続が行われていません。メニューから［DB 操作 (D)］－［再接続 (R)］を実行して、データベースへの再接続を行ってください。なお、再接続の場合は、パスワード欄に前回入力したパスワードが ****** と表示されていますが、これを削除して正しいパスワードを入力します。

　正しく接続された場合は、テーブル名一覧の部分に表の一覧が表示されます。

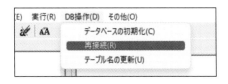

SQL トレーナーは、Firebird との接続にループバック（127.0.0.1）というネットワーク接続を利用しています。ウィルス対策ソフトやファイアウォールソフトによってはこの接続を禁止してしまう場合があります。この場合は、お手持ちのウィルス対策ソフトの設定を変更して、接続を許可してください。

5-3.3　SQLトレーナー機能説明

　本節ではSQLトレーナーの機能について説明します。図はSQLトレーナーのメインウィンドウの説明です。

テーブル名一覧（表一覧）　　　　　　　　ツールバー　　　SQLエディタ／実行履歴ウィンドウ

SQL一覧　　　　　　　　　　　　　　　　　　　テーブル（表）表示ウィンドウ

列名一覧　　　　実行結果（テーブル表示／テキスト形式）ウィンドウ　　　　スプリッタ

　SQLトレーナーを終了するには、［ファイル (F)］－［終了 (X)］メニューを実行するか、ウィンドウ右上のクローズボタン（×）をクリックします。

　以下、SQLトレーナーの各々の機能について説明していきたいと思います。

SQLトレーナーのウィンドウ説明

■ **SQL一覧**　　主なSQLの一覧です。一覧から、SQLをダブルクリックすることで、SQLエディタに選択したSQLが入力できます。この一覧にあるSQLに関しては、キーボードからの入力なしにエディタに入力することができます。なお、実行履歴が表示されている場合は、実行履歴側に入力されます。

- **テーブル名一覧**　現在接続しているデータベースのテーブル（表）
一覧です。基本的には第 6 章以降の実践演習で利用する例題のテーブ
ル（表）名が一覧表示されます。一覧から表名をクリックすると、列
名一覧にその表のもつ列の名前が表示され、テーブル（表）表示ウィ
ンドウに選択された表の内容が表示されます。また、ダブルクリック
することで、SQL エディタに表名が入力されます。実行履歴が表示さ
れている場合は、実行履歴側に入力されます。なお、選択後、マウス
をそのまま移動させずに待つと、表の日本語名が表示されます。

- **列名一覧**　テーブル名一覧で選択されている表の列名の一覧です。
ダブルクリックすることで、SQL エディタに列名が入力されます。実
行履歴が表示されている場合は、実行履歴側に入力されます。なお、
選択後、マウスをそのまま移動させずに待つと、列の日本語名が表示
されます。

- **SQL エディタ**　SQL を入力するためのエディタです。［実行 (R)］−［実
行 (R)］メニューを選択するか、ツールバーの SQL 文の実行ボタン ▶
、または、F9 キーを押すと、入力された SQL 文が実行されます。なお、
実行結果は、実行結果（テーブル表示）または実行結果（テキスト形式）
に表示されます。

- **実行履歴**　実行された SQL が保存されていくエディタです。実行履
歴は「---------」で囲まれた形で保存されていきます。SQL トレーナー
では履歴側からも、SQL 文を実行することができます。履歴から SQL
文を実行するには、実行したい SQL 文を選択、または、カーソルを置
いて［実行 (R)］−［実行 (R)］メニューを選択するか、ツールバーの
SQL 文の実行ボタン ▶ 、または、F9 キーを押します。SQL 文が選択
されていない場合には「---------」で囲まれた部分が**自動的に選択**され、
実行されます。こちらもエディタになっており、SQL 文を修正するこ
とも可能です。

- **テーブル（表）表示**　テーブル名一覧で選択されている表の内容が
表示されるウィンドウです。

- **実行結果（テーブル表示）**　SQL 文の実行結果をテーブル形式で表示
するウィンドウです。SELECT 文を実行した場合には、自動的にこち
らが表示されます。

- **実行結果（テキスト形式）**　SQL 文の実行結果をテキスト形式で表示するウィンドウです。SELECT 文以外の多くの SQL 文の場合は、こちらが表示されます。なお、SELECT 文の場合も結果が表示されていますのでテキスト形式で結果を得たい場合には、こちらを表示すれば結果をテキスト形式で見ることができます。
- **スプリッタ**　SQL エディタ、テーブル（表）表示ウィンドウ、実行結果ウィンドウの境界部分です。この部分をマウスでドラッグすることで、各ウィンドウのサイズを自由に変更することができます。

ツールバー機能説明

よく利用する機能は、ツールバーにボタンでまとめられています。ここでは、ボタンの機能について説明します。

- **新規作成**　SQL ファイルを新規作成します。
- **ファイルを開く**　SQL ファイルを開きます。
- **SQL を保存**　SQL ファイルを上書き保存します。
- **SQL を実行**　入力した SQL 文を実行します。
- **SQL をクリア**　入力した SQL 文をクリアします。
- **フォントサイズの変更**　SQL エディタ／実行履歴のフォントサイズを変更します。

ファイルを開く──┐　　SQL を実行　　──── SQL をクリア

新規作成　　　SQL を保存　　　　フォントサイズの変更

メニュー機能説明

SQL トレーナーのメニュー構成は下図のようになります。

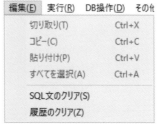

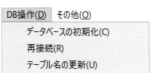

［ファイル (F)］ メニュー

- ■ **［新規 (N)］**　　SQL ファイルを新規作成します。
- ■ **［開く (O)...　　Ctrl+O］**　　SQL ファイルを開きます。
- ■ **［上書き保存 (S)］**　　SQL ファイルを上書き保存します。
- ■ **［名前をつけて保存 (A)...]**　　SQL ファイルに名前をつけて保存します。
- ■ **［終了 (X)］**　　SQL トレーナーを終了させます。

［編集 (E)］ メニュー

- ■ **［切り取り (T)　　Ctrl+X］**　　選択されているテキストを切り取ります。
- ■ **［コピー (C)　　Ctrl+C］**　　選択されているテキストをコピーします。
- ■ **［貼り付け (O)　　Ctrl+V］**　　カーソル位置に、切り取った、または、コピーしたテキストを貼り付けます。
- ■ **［すべてを選択 (A)　　Ctrl+A］**　　ウィンドウのすべてのテキストを選択します。
- ■ **［SQL 文のクリア (S)］**　　SQL エディタの内容を空にします。
- ■ **［履歴のクリア (Z)］**　　実行履歴の内容を空にします。

[実行 (R)] メニュー

■ [実行 (R) F9]　　入力した SQL を実行します。

[DB 操作 (D)] メニュー

■ [データベースの初期化 (C)]　　データベースの初期化を行います。実行するとインストール時の状態にデータベースが戻ります。

■ [再接続 (R)]　　データベースに再接続します。データベース接続ダイアログが表示されますが、ユーザー名とパスワードに変更がない場合は、そのまま接続ボタンをクリックします。

■ [テーブル名の更新 (U)]　　テーブル名一覧の内容を更新します。CREATE TABLE などでテーブルを追加した場合に実行します。

[その他 (O)] メニュー

■ [自動補完 ON(A)]　　SQL エディタの入力の自動補完機能の ON/OFF を設定します。チェックがある状態で、自動補完機能が ON になります。

■ [入力された表を自動表示 (D)]　　SQL エディタで表名を入力すると自動的にテーブル（表）表示ウィンドウに入力された表の内容を表示するかどうかを指定します。チェックがある状態で自動表示が ON になります。

■ [バージョン情報 (Z)...]　　バージョン情報を表示します。

5-3.4　SQL トレーナーの初期化

　初めて SQL トレーナーを実行した状態では、データベースは初期化された状態となっていますので、SQL トレーナーの初期化を行う必要はありません。しかしながら、演習を繰り返すうちにデータベースの状態が変更されてしまった場合など、データベースの初期化を行わなければ結果が演習の答えと一致しなくなってしまいます。

　このような場合には、[DB 操作 (D)] － [データベースの初期化 (C)] を実行して SQL トレーナーのデータベースをインストール時の状態に戻します。

SQL トレーナーをインストールしたフォルダに BackUp というフォルダがあります。ここには、データベースのバックアップが格納されていますので、このフォルダの内容を変更しないでください。もし、フォルダ内容を変更した場合には、SQL トレーナーを再インストールしてください。

5-3.5　SQL 文の実行

　SQL トレーナーの主な機能は、「入力された SQL 文を実行し、その結果を表示する」ことです。ここでは、SQL 文を入力し、実行する手順について説明します。ここで、利用するのは、演習用に用意されている STAFF_LIST（社員データ）です。

(1) SQL 文の入力

　まず、SQL トレーナーを起動してください。起動したら、SQL エディタに以下の SQL 文を入力してみてください。なお、自動補完機能が ON の場合には、途中まで入力すると候補が表示されるはずです。候補から入力したいものを選択してリターンキーを押せば、入力が補完されます。なお、候補を消したい場合には ESC キーを押します。

> 入力　　SELECT * FROM STAFF_LIST

　SQL 文の入力に際しては、特に半角スペースと全角スペースの入力ミスに注意してください。実行エラーが発生するのですが、見た目ではわからず修正に苦労します。

SQL トレーナーでは、大文字と小文字の区別はありません。上記の入力は小文字で以下のように入力しても同じ意味になります

　　　例：　select * from staff_list

なお、シングルクオート（'）やダブルクオート（"）で囲まれた中の値は、小文字と大文字の区別がありますので注意が必要です。

(2) SQL 文の実行

それでは、上記の SQL 文を実行してみましょう。ファンクションキーの 9 番（F9）を押すか、ツールバーの［SQL を実行］ボタン（▶）をクリックするか、［実行 (R)］メニューの［実行 (R)］を選択するかして、SQL 文を実行してください。

(3) 結果の表示

入力された SQL 文が正しければ、実行結果が実行結果（テーブル表示）に表示されます。

なお、SQL 文が間違っている場合には、例えば次ページの図のようなエラーが表示されます。図の場合は、2 行目、カラム 7 で (At line2, column 7) でエラーが発生しています。SQL トレーナーではデータベースの返してきたエラーをそのまま表示しますので、これを見ながらエラーを修正していきます。

　以上が、SQL を実行するための基本操作です。

　なお、実行した SQL 文は実行履歴に格納されていきます。以前実行した
SQL 文を再度入力したい場合は、実行履歴で実行したい SQL 文を選択し、
ファンクションキーの 9 番（F9）を押すか、ツールバーの［SQL を実行］
ボタン（▶）をクリックするか、［実行 (R)］メニューの［実行 (R)］を選
択して SQL 文を実行します。

　以上で、SQL トレーナーの基本的な使い方の説明は終わりです。SQL ト
レーナーの使い方はそれほど難しくないと思います。より便利な機能説明
については、TIPS という形で第 6 章以降で、随時説明していきたいと思い
ますのでそちらを参照してください。

5-4　用意されている例題データベース

　ここでは、SQLトレーナーにあらかじめ用意されているテーブル（表）の定義と内容一覧を示しておきます。第6章以降の実践演習では、ここにあげたテーブルを使って、実際にSQL文を実行しながら問題を解いていきます。

　SQL文を実行するためには、操作対象のテーブルがどのように定義されているのかということも理解していなければなりません。例えば、STAFF_LIST（社員データ）からPID（社員番号）0001の社員を選択する場合を例に考えてみましょう。ここで、

入力　　SELECT * FROM STAFF_LIST
　　　　　WHERE PID=0001

と入力して実行します。すると、実行結果（テーブル表示）は空になってしまいます。

　社員番号などの項目は一見すると数値に見えますが、文字列型として定義されているためにこのように空のテーブルが表示されてしまいます。社員番号のように文字列型として定義されている項目については、SQL文での値の指定にシングルクオート（'）が必要となります。

　PID（社員番号）0001を選択する場合であれば、以下のようにシングルクオートを付加した記述が必要になります。

入力　　SELECT * FROM STAFF_LIST
　　　　　WHERE PID='0001'

出力

PID	NAME	AGE	SEXID	DIVISION_ID
0001	赤岩　圭吾	23	0	1000

　なお、2つの表で同じ列名の項目が存在する場合、それら2つの表は列名により結合できることを意味しています。例えば、STAFF_LIST（社員データ）とDIVISION_LIST（所属データ）には、「DIVISION_ID」という列が存在します。これら2つの表は、DIVISION_ID（所属コード）により関連づけられています。

本来ならば、列名により関連がある部分には参照制約を設けるべきですが、SQL トレーナーに用意した例題データベースでは特に参照制約を定義していません。上記の例の場合も、社員データの所属コードは外部キーとして定義されていません。

定義＆内容一覧

表 5.1　STAFF_LIST（社員データ定義）

列名	データ型	幅	備考
PID（社員番号）	文字列型	4	主キー
NAME（氏名）	文字列型	16	可変長文字列
AGE（年齢）	整数型		
SEXID（性別コード）	整数型		
DIVISION_ID（所属コード）	文字列型	4	

※ 本書ではわかりやすくするために（）内に日本語名を表記していますが、データベースには英語名のみで登録されていますので、SQL トレーナーでは英語名を入力してください。

表 5.2　STAFF_LIST（社員データ）

PID（社員番号）	NAME（氏名）	AGE（年齢）	SEXID（性別コード）	DIVISION_ID（所属コード）
0001	赤岩　圭吾	23	0	1000
0002	岩下　つとむ	35	0	1001
0003	上田　健二	22	0	1001
0004	木下　順平	25	0	1002
0005	坂田　圭吾	44	0	1000
0006	野村　伸治	28	0	1002
1000	清水　さおり	21	1	1000
1001	田中　真弓	26	1	1001
1002	津田　あかね	22	1	1000
1003	深町　智子	20	1	1002

表5.3 STAFF_LIST2（社員データ2）定義

列名	データ型	幅	備考
PID（社員番号）	文字列型	4	主キー
NAME（氏名）	文字列型	16	可変長文字列
AGE（年齢）	整数型		
SEXID（性別コード）	整数型		
DIVISION_ID（所属コード）	文字列型	4	

表5.4 STAFF_LIST2（社員データ2）

PID（社員番号）	NAME（氏名）	AGE（年齢）	SEXID（性別コード）	DIVISION_ID（所属コード）
0007	山田　浩次	23	0	1000
0008	東野　雅晴	32	0	1002
1004	瀧口　美香	20	1	1000

表5.5 STAFF_QUALIFICATIONS（社員資格データ）定義

列名	データ型	幅	備考
PID（社員番号）	文字列型	4	
QUALIFICATION_CODE（資格コード）	文字列型	2	

表5.6 STAFF_QUALIFICATIONS（社員資格データ）

PID（社員番号）	QUALIFICATION_CODE（資格コード）
0001	10
0001	11
0001	20
0002	20
0003	20
0004	21
0005	11
0006	20
1000	21
1000	11
1001	20
1002	11
1003	22
1003	20
1003	21

表 5.7　QUALIFICATION_LIST（資格データ）定義

列名	データ型	幅	備考
QUALIFICATION_CODE（資格コード）	文字列型	2	主キー
QUALIFICATION_NAME（資格名）	文字列型	20	

表 5.8　QUALIFICATION_LIST（資格データ）

QUALIFICATION_CODE（資格コード）	QUALIFICATION_NAME（資格名）
10	会計士
11	簿記
20	普通免許
21	英検 1 級
22	情報処理 2 種

表 5.9　DIVISION_LIST（所属データ）定義

列名	データ型	幅	備考
DIVISION_ID（所属コード）	文字列型	4	主キー
DIVISION_NAME（部署名）	文字列型	10	

表 5.10　DIVISION_LIST（所属データ）

DIVISION_ID（所属コード）	DIVISION_NAME（部署名）
1000	経理部
1001	人事部
1002	営業部

表 5.11　SEX_LIST（性別データ）定義

列名	データ型	幅	備考
SEXID（性別コード）	整数型		主キー
SEX（性別）	文字列型	2	

表 5.12　SEX_LIST（性別データ）

SEXID（性別コード）	SEX（性別）
0	男
1	女

表5.13 ORDER_LIST（受注データ）定義

列名	データ型	幅	備考
ORDER_NO（受注番号）	整数型		主キー
PRODUCT_CODE（商品コード）	整数型		
QUANTITY（個数）	整数型		
CUSTOMER_CODE（顧客コード）	整数型		

表5.14 ORDER_LIST（受注データ）

ORDER_NO（受注番号）	PRODUCT_CODE（商品コード）	QUANTITY（個数）	CUSTOMER_CODE（顧客コード）
1	1000	100	1001
2	2001	50	1003
3	3002	80	1001
4	3001	25	1000
5	1000	1000	1000
6	2001	150	1003

表5.15 PRODUCT_LIST（商品データ）定義

列名	データ型	幅	備考
PRODUCT_CODE（商品コード）	整数型		主キー
PRODUCT_NAME（商品名）	文字列型	20	
PRICE（価格）	金額型		
PRODUCT_TYPE（商品区分）	文字列型	2	

表5.16 PRODUCT_LIST（商品データ）

PRODUCT_CODE（商品コード）	PRODUCT_NAME（商品名）	PRICE（価格）	PRODUCT_TYPE（商品区分）
1000	コーヒー	1000	食
1001	紅茶	1500	食
2000	ポット	3400	器
2001	サイフォン	8900	器
3001	電気ポット	20000	電
3002	コーヒーメーカー	15000	電

表5.17　CUSTOMER_LIST（顧客データ）定義

列名	データ型	幅	備考
CUSTOMER_CODE（顧客コード）	整数型		主キー
CUSTOMER_NAME（顧客名）	文字列型	20	可変長文字列
ACCOUNT（口座番号）	文字列型	8	

表5.18　CUSTOMER_LIST（顧客データ）

CUSTOMER_CODE（顧客コード）	CUSTOMER_NAME（顧客名）	ACCOUNT（口座番号）
1000	○×商事	000-1234
1001	△△電気	001-1233
1002	△□株式会社	010-2349
1003	○○有限会社	022-3899

第 6 章

SQL 実践演習〜その 1 〜

——データベースの作成

実践問題 1

テーブルの作成 #1

表 6.1 に示す列から構成される TEL_LIST（電話番号表）を作成しなさい。

表 6.1　テーブル定義

列名	データ型	文字数
NAME（名前）	可変長文字列型	20 文字
TEL（電話番号）	固定長文字列型	14 文字

結果

　SQL トレーナーに「SQL を実行しました」と表示されます。また、次の SQL 文を実行すると実行結果（テーブル表示）タブに空のテーブルが表示されます。

入力　SELECT * FROM TEL_LIST

出力

NAME	TEL

CREATE TABLE を行った直後に結果表示を行おうとすると、「Table unknown」エラーが表示されると思います。これは、この時点ではデータベースがまだ更新されていないためです。更新させるには、トランザクションを完了させる必要があります。
SELECT 文でデータベースを表示させる前に「**COMMIT**」を入力して実行し、変更を反映させてください。

ヒント

　SQL で表（ベーステーブル）を作成するには CREATE TABLE 文を利用します。固定長文字列型は CHARACTER(*n*) または CHAR(*n*) で指定します。可変長文字列型は VARCHAR(*n*) で指定します。CHARACTER(*n*) または CHAR(*n*) を指定した場合、*n* には文字数が入ります。VARCHAR(*n*) を指定した場合、*n* には文字列の最大長が入ります。

解答

入力
```
CREATE TABLE TEL_LIST
( NAME VARCHAR(20),
  TEL CHAR(14)
)
```

練習問題 6-1　以下の表に示す列から構成される TEL_LIST2（電話番号表2）を作成しなさい。

☞ 解答は 91 ページ

列名	データ型	文字数
NAME（名前）	可変長文字列型	20 文字
SEX（性別）	固定長文字列型	4 文字
TEL（電話番号）	固定長文字列型	14 文字

SQL ファイルを読み込む

実践問題および練習問題の解答（SQL 文）は、SQL トレーナーと共に SQL ファイルとしてインストールされています。SQL ファイルを読み込むには、［ファイル（F）］メニューから［開く（O）...］を選択します。解答は、SQL トレーナーがインストールされたディレクトリ内の SQLs ディレクトリに章ごとに格納されます。なお、ZissenXX.SQL が実践問題の解答で、RenXX.SQL が練習問題の解答です。

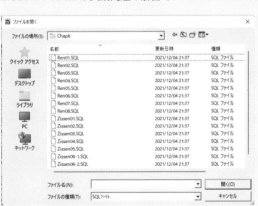

図：SQL ファイルの読み込み

実践問題 2	テーブルの作成 #2
	表6.2に示す列から構成されるADDRESS_LIST（住所録表）を作成しなさい。

表6.2　テーブル定義

列名	データ型	文字数
NAME（名前）	固定長文字列型	20文字
AGE（年齢）	整数型	
ADDRESS（住所）	可変長文字列型	80文字

結果

　SQLトレーナーに「SQLを実行しました」と表示されます。また、次のSQL文を実行すると実行結果（テーブル表示）タブに空のテーブルが表示されます。

入力　COMMIT
入力　SELECT * FROM ADDRESS_LIST

出力

NAME	AGE	ADDRESS

ヒント

　整数型にはSMALLINTを指定します。文字列型とは異なり、SMALLINT型には文字数の指定はありません。

解答

入力
```
CREATE TABLE ADDRESS_LIST
( NAME CHAR(20),
  AGE SMALLINT,
  ADDRESS VARCHAR(80)
)
```

| 練習問題 6-2 | 以下の表に示す列から構成される ADDRESS_LIST2（住所録表 2）を作成しなさい。 |

列名	データ型	文字数
NAME（名前）	固定長文字列型	20 文字
AGE（年齢）	整数型	
SEX（性別）	固定長文字列型	4 文字
ADDRESS（住所）	可変長文字列型	80 文字
TEL（電話番号）	固定長文字列型	14 文字

☛ 解答は 93 ページ

解 答

解答　練習問題 6-1

入力
```
CREATE TABLE TEL_LIST2
( NAME VARCHAR(20),
  SEX CHAR(4),
  TEL CHAR(14)
)
```

次の SQL 文を実行すると、実行結果（テーブル表示）タブに空のテーブルが表示されます。

入力1　`COMMIT`
入力2　`SELECT * FROM TEL_LIST2`

出力

NAME	SEX	TEL

実践問題 3

表への列の追加と削除（基本）

QUALIFICATION_LIST（資格データ）※に、Q_TYPE（資格種別）の列を追加しなさい。なお、Q_TYPE（資格種別）は固定長文字列で 4 文字とします。

 SQL トレーナーのテーブル名一覧で QUALIFICATION_LIST（資格データ）が選択されている場合テーブルの表示の更新は行われません。データベース一覧で別のテーブルを選択し、再度選択してください。

※ 資格データは SQL トレーナーで用意されているデータベースです。

結果

SQL トレーナーに「SQL を実行しました」と表示されます。次の SQL 文を実行して資格種別の列が追加されていることを確認してください。

入力 COMMIT
入力 SELECT * FROM QUALIFICATION_LIST

出力

QUALIFICATION_CODE	QUALIFICATION_NAME	Q_TYPE
10	会計士	
11	簿記	
20	普通免許	
21	英検 1 級	
22	情報処理 2 種	

なお、新たに追加された資格種別の列は値が設定されていない状態になっています。列へ値を入れるには UPDATE 文を利用します。UPDATE 文を使ったデータの挿入は第 8 章で取り上げます。

ヒント

すでに作成されている表への列の追加には、ALTER TABLE 文を利用します。なお、ALTER TABLE 文は列の追加（ADD）だけでなく削除（DROP）にも利用できます。また、ADD や DROP はコンマ（,）で続けていくつでも指定することができます。

解答

入力　ALTER TABLE QUALIFICATION_LIST
　　　ADD Q_TYPE CHAR(4)

練習問題 6-3　CUSTOMER_LIST（顧客データ）に、TEL（電話番号）（固定長文字列 14 文字）と ADDRESS（住所）（可変長文字列 30 文字）の列を追加しなさい。

☞ 解答は 95 ページ

練習問題 6-4　練習問題 6-3 で追加した TEL（電話番号）と ADDRESS（住所）の列を、顧客データから削除しなさい。

☞ 解答は 96 ページ

 次の演習問題へ移る前に、［DB 操作（D）］メニューの［データベースを初期化］を実行し、テーブルを元の状態に戻しておいてください。

解答　練習問題 6-2

入力　CREATE TABLE ADDRESS_LIST2
　　　(NAME CHAR(20),
　　　　AGE SMALLINT,
　　　　SEX CHAR(4),
　　　　ADDRESS VARCHAR(80),
　　　　TEL CHAR(14)
　　　)

次の SQL 文を実行すると、実行結果（テーブル表示）タブに空のテーブルが表示されます。

入力1　COMMIT
入力2　SELECT * FROM ADDRESS_LIST2

出力

NAME	AGE	SEX	ADDRESS	TEL

ADDRESS（住所）の列が 80 文字と長いため、SQL トレーナーでは横スクロールを行わないと TEL（電話番号）の列が見えない場合があります。

実践問題 4	表への列の追加と削除（応用） STAFF_LIST（社員データ）から、SEXID（性別コード）の列を削除し、新たに SEX（性別）（固定長文字列 2 文字）の列を追加しなさい。

結果

　SQL トレーナーに「SQL を実行しました」と表示されます。次の SQL 文を実行して、性別コードの列が削除され、性別の列が追加されていることを確認してください※。

※ SQL トレーナーでは、テーブル表示ウィンドウに社員データを表示させることもできます。

入力　COMMIT
入力　SELECT * FROM STAFF_LIST

出力

PID	NAME	AGE	DIVISION_ID	SEX
0001	赤岩　圭吾	23	1000	
0002	岩下　つとむ	35	1001	
0003	上田　健二	22	1001	
0004	木下　順平	25	1002	
0005	坂田　圭吾	44	1000	
0006	野村　伸治	28	1002	
1000	清水　さおり	21	1000	
1001	田中　真弓	26	1001	
1002	津田　あかね	22	1000	
1003	深町　智子	20	1002	

　なお、新たに追加された性別の列は値が設定されていない状態になっています。列へ値を入れるには UPDATE 文を利用します。UPDATE 文を使ったデータの挿入は第 8 章で取り上げます。

ヒント

　実践問題 3 の応用問題です。ALTER TABLE 文では、追加（ADD）と削除（DROP）が複数記述できることを思い出してください。

解答

入力
```
ALTER TABLE STAFF_LIST
DROP SEXID,
ADD SEX CHAR(2)
```

または、

入力
```
ALTER TABLE STAFF_LIST
ADD SEX CHAR(2),
DROP SEXID
```

練習問題6-5　PRODUCT_LIST（商品データ）から PRODUCT_TYPE（商品区分）の列を削除し、CATEGOLY_CODE（分類コード）（固定長文字列型 4 文字）と CLASS（種別）（固定長文字列 4 文字）の列を追加しなさい。

☞ 解答は 97 ページ

 次の演習問題へ移る前に、［DB 操作（D）］メニューの［データベースを初期化］を実行し、テーブルを元の状態に戻しておいてください。

 解 答

解答 練習問題6-3

入力
```
ALTER TABLE CUSTOMER_LIST
ADD TEL CHAR(14),
ADD ADDRESS VARCHAR(30)
```

次の SQL 文を実行して、電話番号と住所の列が追加されていることを確認してください。なお、SQL トレーナーでは、SELECT 文を実行するかわりに、テーブル一覧から選択することで CUSTOMER_LIST（顧客データ）を表示させることもできます。

入力1 `COMMIT`
入力2 `SELECT * FROM CUSTOMER_LIST`

出力

CUSTOMER_CODE	CUSTOMER_NAME	ACCOUNT	TEL	ADDRESS
1000	○×商事	000-1234		
1001	△△電気	001-1233		
1002	△□株式会社	010-2349		
1003	○○有限会社	022-3899		

95

解 答

解答 **練習問題 6-4**

入力
```
ALTER TABLE CUSTOMER_LIST
DROP TEL,
DROP ADDRESS
```

次のSQL文を実行して、電話番号と住所の列が削除されていることを確認してください。なお、SQLトレーナーでは、SELECT文を実行するかわりに、テーブル一覧から選択することでCUSTOMER_LIST（顧客データ）を表示させることもできます。

入力1
```
COMMIT
```
入力2
```
SELECT * FROM CUSTOMER_LIST
```

出力

CUSTOMER_CODE	CUSTOMER_NAME	ACCOUNT
1000	○×商事	000-1234
1001	△△電気	001-1233
1002	△□株式会社	010-2349
1003	○○有限会社	022-3899

Tips

日本語名の表示

SQLトレーナーのテーブル名一覧と列名一覧で選択し、マウスを動かさずにそのまま待つと表・列名の日本語名が表示されます。

図：日本語名の表示

解答 練習問題 6-5

入力
```
ALTER TABLE PRODUCT_LIST
DROP PRODUCT_TYPE
ADD CATEGORY_CODE CHAR(4),
ADD CLASS CHAR(4)
```

次の SQL 文を実行して、商品区分の列が削除され、分類コードと種別の列が追加されていることを確認してください。なお、SQL トレーナーでは、SELECT 文を実行するかわりに、テーブル一覧から選択することで PRODUCT_LIST（商品データ）を表示させることもできます。

入力1 `COMMIT`
入力2 `SELECT * FROM PRODUCT_LIST`

出力

PRODUCT_CODE	PRODUCT_NAME	PRICE	CATEGOLY_CODE	CLASS
1000	コーヒー	1000		
1001	紅茶	1500		
2000	ポット	3400		
2001	サイフォン	8900		
3001	電気ポット	20000		
3002	コーヒーメーカー	15000		

この練習問題を実行した後は、[DB 操作（D）] メニューの ［データベースを初期化］を選択してテーブルを元の状態に戻しておいてください。

主キーとなっている列を ALTER TABLE 文を使って削除する場合にはまず制約をはずさなければなりません。これには、DROP CONSTRAINT を使います。例えば、PRODUCT_LIST（商品データ）から主キーの PRODUCT_CODE（商品コード）を削除して、CATEGORY _CODE（分類コード）と CLASS（種別）を追加する場合には、以下のように PK_PRODUCT_LIST 制約を削除します。

入力
```
ALTER TABLE PRODUCT_LIST
DROP CONSTRAINT PK_PRODUCT_LIST,
DROP PRODUCT_CODE,
ADD CATEGORY_CODE CHAR(4),
ADD CLASS CHAR(4)
```

| 実践問題 5 | 主キーの設定
表 6.3 に示す列から構成される TEL_LIST3（電話番号表 3）を作成しなさい。また、主キーとして NAME（名前）を指定しなさい。 |

表 6.3　テーブル定義

列名	データ型	文字数	備考
NAME（名前）	可変長文字列型	20 文字	主キー※
TEL（電話番号）	固定長文字列型	14 文字	

※ 主キーとなる列には「NOT NULL」を指定してください。

結果

SQL トレーナーに「SQL を実行しました」と表示されます。また、次の SQL 文を実行すると実行結果（テーブル表示）タブに空のテーブルが表示されます。

入力1　COMMIT
入力2　SELECT * FROM TEL_LIST3

出力

NAME	TEL

ヒント

テーブルの作成ですので、基本的にはここでも CREATE TABLE 文を利用します。ただし、この問題ではさらに主キーを指定しなければならないことに注意してください。主キーの指定には PRIMARY KEY を利用します。また、主キーでなく候補キーを指定する場合には UNIQUE を利用します。

主キーまたは候補キーに指定された列は同じ値をもつことができません。これにより、1 つの表においてすべての列の値が同じ行は存在しなくなります。なお、このように「同じ行が存在しない」ということを一意性制約と呼びます。

解答

入力

```
CREATE TABLE TEL_LIST3
( NAME VARCHAR(20) NOT NULL,
  TEL CHAR(14),
  PRIMARY KEY(NAME)
)
```

練習問題 6-6　以下の表に示す列から構成される ADDRESS_LIST3（住所録表3）を作成しなさい。また、主キーとして NAME（名前）を指定しなさい。

列名	データ型	文字数	備考
NAME（名前）	固定長文字列型	20 文字	主キー
AGE（年齢）	整数型		
ADDRESS（住所）	可変長文字列型	80 文字	

☞ 解答は 101 ページ

履歴からの実行

SQL トレーナーでは、一度実行した SQL で、エラーが発生しなかったものは「実行履歴」タブページに「--------」で区切られて保存されていきます。実行履歴では、実行したい SQL 文上にカーソルを移動または選択反転させて、実行ボタンを押すことで選択された SQL 文を実行することができます（詳しくは第 5 章を参照してください）。また、実行履歴も自由に編集可能ですので、実行履歴を編集して実行したり、実行履歴の内容をコピーして、SQL エディタにペーストし、編集実行することなどができます。なお、実行履歴の内容は、[編集 (E)] － [履歴のクリア (Z)] で削除することができます。

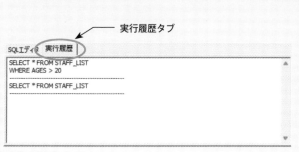

図：実行履歴

| 実践問題 6 | ドメインの作成 |

ドメインの作成

表 6.4 に示す列から構成される PRICE_LIST（価格表）を作成しなさい。なお、PRICE（価格）の範囲は CREATE DOMAIN を用いて 1000 〜 9999 の範囲に定義しなさい（なお、この問題は CREATE DOMAIN 文と CREATE TABLE 文の 2 回実行が必要です）。

表 6.4　テーブル定義

列名	データ型	文字数	備考
NAME（商品名）	可変長文字列型	20 文字	
PRICE（価格）	PRICE_TYPE		DOMAIN で定義（値の範囲を 1000 〜 9999 に制限して整数型で定義）

結果

　各 SQL の実行ごとに、SQL トレーナーに「SQL を実行しました」と表示されます。次の SQL 文を実行すると実行結果（テーブル表示）に空のテーブルが表示されます。

入力1　COMMIT
入力2　SELECT * FROM PRICE_LIST

出力

NAME	PRICE

ヒント

　CREATE DOMAIN によりドメインを作成する場合には、CHECK 句を利用して値の範囲を指定することができます。作成したドメインは CREATE TABLE の定義中で他の型定義と同様に利用することができます。CREATE DOMAIN の使い方を理解することが実践問題のポイントです。CREATE TABLE はこれまでの実践問題をやっていれば簡単にわかるはずです。

解答

入力1
```
CREATE DOMAIN PRICE_TYPE AS INT
CHECK (VALUE >= 1000  AND VALUE <= 9999)
```

入力2
```
CREATE TABLE PRICE_LIST
( NAME VARCHAR(20),
  PRICE PRICE_TYPE
)
```

練習問題 6-7　固定長文字列型（20 文字）のドメイン NAME_TYPE（名前型）を定義しなさい。

☞ 解答は 104 ページ

· **解 答**

解答 **練習問題 6-6**

入力
```
CREATE TABLE ADDRESS_LIST3
( NAME CHAR(20) NOT NULL,
  AGE SMALLINT,
  ADDRESS VARCHAR(80),
  PRIMARY KEY (NAME)
)
```

次の SQL 文を実行すると、実行結果（テーブル表示）タブに空のテーブルが表示されます。

入力1　`COMMIT`
入力1　`SELECT * FROM ADDRESS_LIST3`

出力

NAME	AGE	ADDRESS

<table>
<tr><td>実践問題
7</td><td>**テーブルの削除**
STAFF_LIST（社員データ）の表（テーブル）を削除しな
さい。</td></tr>
</table>

結果

　SQL トレーナーに「SQL を実行しました」と表示されます。また、次の SQL 文を実行すると「テーブルが存在しません …」[※]という内容のダイアログが表示されます。

※ 実際には「Dynamic SQL Error…」ですが、Table Unknown のエラーであることが分かると思います。

 入力　SELECT * FROM STAFF_LIST

ヒント

　テーブルの削除には DROP TABLE 文を利用します。DROP TABLE 文でテーブルを削除すると、各行のデータだけでなく表定義を含むすべての情報が消去されます。この処理を取り消すことはできないため、一度削除したテーブルを復元するには表定義からデータの挿入といった一連の操作が必要となります。つまり、テーブルを最初から作り直さなければならないということです。テーブルの削除操作は十分注意して行う必要があります[※]。

※ トランザクション終了前なら ROLLBACK をすることで削除操作の取り消しができます。

解答

　入力　DROP TABLE STAFF_LIST

 次の演習問題へ移る前に、[DB 操作（D）] メニューの［データベースを初期化］を実行し、テーブルを元の状態に戻しておいてください。

| 練習問題 6-8 | この章で新たに作成したすべての表を削除しなさい（実践問題 6 の PRICE_LIST など）。 |

☛ 解答は 104 ページ

※ データベースの初期化を行った場合は、テーブルはすでに消えていることがあります（その場合はエラーになります）。エラーになる場合はあらかじめ用意されているORDER_LIST などのテーブルを削除してみてください。

自動補完機能について

SQL トレーナーでは、SQL 文の入力に自動補完機能を備えています。自動補完の対象となるのは SQL、表名、列名です。この機能を使うことで、表の名前や列の名前を間違わずに入力することができます。なお、表名入力直後に「.」を入力すると、表に含まれる列名だけが候補として表示されます（STAFF_LIST など）。

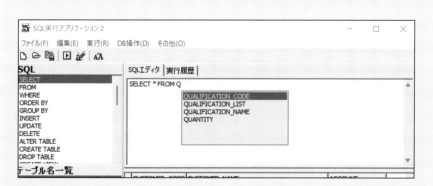

図：SQL 文の自動補完

次の演習問題に移る前に、［DB 操作（D）］メニューの［データベースを初期化］を実行し、テーブルを元の状態に戻しておいてください。

.... **解答**

解答 **練習問題 6-7**

> **入力**　CREATE DOMAIN NAME_TYPE AS CHAR(20)

作成したドメインを削除する場合は、DROP DOMAIN 文を利用します。ここで作成した NAME_TYPE（名前型）を削除する場合、以下の SQL を実行します。

> **入力**　DROP DOMAIN NAME_TYPE

解答 **練習問題 6-8**

この章で新たに作成したテーブルは 7 つあります。
実践問題 1 では TEL_LIST（電話番号表）を作成しました。

> **入力**　DROP TABLE TEL_LIST

実践問題 2 では ADDRESS_LIST（住所録表）を作成しました。

> **入力**　DROP TABLE ADDRESS_LIST

実践問題 5 では TEL_LIST3（電話番号表 3）」を作成しました。

> **入力**　DROP TABLE TEL_LIST3

実践問題 6 では PRICE_LIST（価格表）を作成しました。

> **入力**　DROP TABLE PRICE_LIST

練習問題 6-1 では TEL_LIST2（電話番号表 2）を作成しました。

> **入力**　DROP TABLE TEL_LIST2

練習問題 6-2 では ADDRESS_LIST2（住所録表 2）を作成しました。

> **入力**　DROP TABLE ADDRESS_LIST2

練習問題 6-6 では ADDRESS_LIST3（住所録表 3）を作成しました。

> **入力**　DROP TABLE ADDRESS_LIST3

第 7 章

SQL 実践演習〜その 2 〜

——データ検索

実践問題
1

表の問い合わせ

STAFF_LIST（社員データ）のすべての社員情報を調べな
さい。

結果

出力

PID	NAME	AGE	SEXID	DIVISION_ID
0001	赤岩　圭吾	23	0	1000
0002	岩下　つとむ	35	0	1001
0003	上田　健二	22	0	1001
0004	木下　順平	25	0	1002
0005	坂田　圭吾	44	0	1000
0006	野村　伸治	28	0	1002
1000	清水　さおり	21	1	1000
1001	田中　真弓	26	1	1001
1002	津田　あかね	22	1	1000
1003	深町　智子	20	1	1002

ヒント

　SQL で問い合わせを行うには SELECT 文を利用します。SELECT 文では、
SELECT に続けて問い合わせたい列名を列挙します。なお、すべての列を
指定する場合には列名を列挙するかわりにアスタリスク（*）を用いること
ができます。

解答

入力　　SELECT * FROM STAFF_LIST

または、

入力　　SELECT PID, NAME, AGE, SEXID, DIVISION_ID
　　　　FROM STAFF_LIST

練習問題 7-1	QUALIFICATION_LIST（資格データ）のすべての情報を調べなさい。	☞ 解答は 111 ページ
練習問題 7-2	PRODUCT_LIST（商品データ）のすべての情報を調べなさい。	☞ 解答は 111 ページ

結果をテキスト形式で表示する

SQL トレーナーでは、実行結果の表示方法として、テーブル表示とテキスト形式を選択できます。基本的には、CREATE 文などはテキスト形式表示が、SELECT 文ではテーブル表示が選ばれますが、SELECT 文の実行結果をテキスト形式で見たい場合には、「実行結果（テキスト形式）」タブをクリックすることで、テキスト表示を見ることができます。結果をカット & ペーストしたい場合などに利用してください。

また、SQL トレーナーでは右側に SQL 入力部分、テーブル一覧から選択されたテーブルの表示部分、実行結果表示部分が縦に並んでいますが、これらのサイズは自由に変更することができます。サイズを変更するには、各項目の間の部分をマウスでドラッグします。

図：表示サイズの変更

SELECT 文による問い合わせの場合、同じ結果を得るためにいくつかの方法があります。例えば、以下の 2 つは同じ問い合わせ結果となります。このように、同じ結果を出す答えがいくつもありますから、本書の実践問題、練習問題の答えは問い合わせ方法の一例にすぎません。自分で考えた SQL 文を SQL トレーナーを使って実際に実行し、その実行結果と問題の答えが同じであれば、自分で考えた SQL 文も正解の 1 つです。

※ いくつかの問題では、複数の SQL 文の解答例を示しています。参考にしてください。

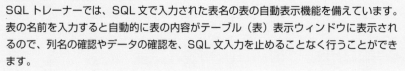

```
入力  SELECT * FROM STAFF_LIST
      WHERE AGE <> 22

入力  SELECT * FROM STAFF_LIST
      WHERE NOT AGE = 22
```

表の内容の自動表示機能

SQL トレーナーでは、SQL 文で入力された表名の表の自動表示機能を備えています。表の名前を入力すると自動的に表の内容がテーブル（表）表示ウィンドウに表示されるので、列名の確認やデータの確認を、SQL 文入力を止めることなく行うことができます。

実践問題 2

特定の列の取り出し（射影）
PRODUCT_LIST（商品データ）にどのような商品名の商品が
あるのか調べなさい（PRODUCT_LIST（商品データ）から
PRODUCT_NAME（商品名）を取り出しなさい）。

結果

出力

PRODUCT_NAME
コーヒー
紅茶
ポット
サイフォン
電気ポット
コーヒーメーカー

ヒント

　SELECT文では、指定した列だけを問い合わせ結果として得る（表示する）
ことができます。このように、FROM句で指定した表から特定の列または
列の組を取り出すことを「射影」と呼びます。射影では、以下の例のよう
に同じ列を何度でも指定することができます。また、ASをつけることで参
照名を変更することも可能です。

　例）「PID（社員番号）」を重複して参照した例（2つ目を副番号として参
　　　照）

入力
```
SELECT PID, NAME, PID AS SUBID
FROM STAFF_LIST
```

出力

PID	NAME	SUBID
0001	赤岩　圭吾	0001
0002	岩下　つとむ	0002
0003	上田　健二	0003
0004	木下　順平	0004
⋮	⋮	⋮

109

AS 句を利用することで、列名を日本語で表示することができます。実践問題 2 の場合は、以下のように SQL 文を記述することで日本語名で列を表示できます。なお、SQL トレーナーでは AS 日本語名の日本語名の部分をダブルクオート (") でくくって入力しますが、RDBMS によってはシングルクオートの場合もあります。

入力
```
SELECT PRODUCT_NAME AS "商品名"
FROM PRODUCT_LIST
```

出力

商品名
コーヒー
紅茶
ポット
サイフォン
電気ポット
コーヒーメーカー

解答

入力
```
SELECT PRODUCT_NAME FROM PRODUCT_LIST
```

練習問題 7-3 STAFF_LIST（社員データ）から、社員の NAME（氏名）と AGE（年齢）を取り出しなさい。

☛ 解答は 113 ページ

解　答

解答　練習問題 7-1

入力　　SELECT * FROM QUALIFICATION_LIST

または、

入力　　SELECT QUALIFICATION_CODE, QUALIFICATION_NAME
　　　　FROM QUALIFICATION_LIST

出力

QUALIFICATION_CODE	QUALIFICATION_NAME
10	会計士
11	簿記
20	普通免許
21	英検１級
22	情報処理２種

解答　練習問題 7-2

入力　　SELECT * FROM PRODUCT_LIST

または、

入力　　SELECT PRODUCT_CODE, PRODUCT_NAME, PRICE, PRODUCT_TYPE
　　　　FROM PRODUCT_LIST

出力

PRODUCT_CODE	PRODUCT_NAME	PRICE	PRODUCT_TYPE
1000	コーヒー	1000	食
1001	紅茶	1500	食
2000	ポット	3400	器
2001	サイフォン	8900	器
3001	電気ポット	20000	電
3002	コーヒーメーカー	15000	電

実践問題

3

行の選択（比較）
STAFF_LIST（社員データ）から、AGE（年齢）が 25 才以上の社員の NAME（氏名）と AGE（年齢）を調べなさい。

結果

NAME	AGE
岩下　つとむ	35
木下　順平	25
坂田　圭吾	44
野村　伸治	28
田中　真弓	26

ヒント

　SELECT 文では、WHERE 句を用いて表中の特定の行だけを表示することができます。WHERE 句により特定の行を取り出す操作を「選択」と呼びます。この実践問題 3 は選択の中の「比較」にあたり、=、<>、>、<、>=、<= などの比較演算子を利用して行の取り出しを行うものです。

NOTE　選択を行う場合には、列のデータ型に十分注意してください。例えば、STAFF_LIST（社員データ）の社員コードは文字列型ですので、シングルクオート（'）で囲む必要があります（例：'1000' など）。

解答

```
SELECT NAME, AGE FROM STAFF_LIST
WHERE AGE >= 25
```

| 練習問題 7-4 | STAFF_LIST（社員データ）の女性（SEXID（性別コード）が1）の社員を調べなさい。 |

☞ 解答は115ページ

| 練習問題 7-5 | PRODUCT_LIST（商品データ）から、PRICE（価格）が¥2,000以下の商品を調べなさい。 |

☞ 解答は115ページ

| 練習問題 7-6 | PRODUCT_LIST（商品データ）から、PRODUCT_TYPE（商品区分）が“電”ではない商品を調べなさい。 |

☞ 解答は115ページ

解答

解答 練習問題 7-3

入力　SELECT NAME, AGE FROM STAFF_LIST

出力

NAME	AGE
赤岩　圭吾	23
岩下　つとむ	35
上田　健二	22
木下　順平	25
坂田　圭吾	44
野村　伸治	28
清水　さおり	21
田中　真弓	26
津田　あかね	22
深町　智子	20

実践問題 4	行の選択（BETWEEN） STAFF_LIST（社員データ）から、AGE（年齢）が 25 才以上 35 才以下の社員を調べなさい。

結果

出力

PID	NAME	AGE	SEXID	DIVISION_ID
0002	岩下　つとむ	35	0	1001
0004	木下　順平	25	0	1002
0006	野村　伸治	28	0	1002
1001	田中　真弓	26	1	1001

ヒント

「○○以上××以下」というような条件で問い合わせを行う場合には、BETWEEN 〜 AND 〜を利用します。また、BETWEEN の前に NOT をつけることで「○○以上××以下ではない」という条件で問い合わせることができます。なお、実践問題 3 で扱った比較演算子を組み合わせることでも同じ結果を得ることができます。

解答

入力
```
SELECT * FROM STAFF_LIST
WHERE AGE BETWEEN 25 AND 35
```

または、

入力
```
SELECT * FROM STAFF_LIST
WHERE AGE >= 25
   AND AGE <= 35
```

※ 見やすくするために、一部の行ではインデント（字下げ）していますが、SQL トレーナーでの入力では、インデントしてもしなくても動作します。

<table>
<tr><td>練習問題 7-7</td><td>STAFF_LIST（社員データ）から、AGE（年齢）が 25 才未満または 35 才を越える社員を調べなさい。</td></tr>
</table>

☞ 解答は 117 ページ

<table>
<tr><td>練習問題 7-8</td><td>PRODUCT_LIST（商品データ）から、PRODUCT_CODE（商品コード）が 2000 以上 2999 以下の商品を調べなさい。</td></tr>
</table>

☞ 解答は 117 ページ

解答　練習問題 7-4

入力
```
SELECT * FROM STAFF_LIST
WHERE SEXID = 1
```

出力

PID	NAME	AGE	SEXID	DIVISION_ID
1000	清水　さおり	21	1	1000
1001	田中　真弓	26	1	1001
1002	津田　あかね	22	1	1000
1003	深町　智子	20	1	1002

解答　練習問題 7-5

入力
```
SELECT * FROM PRODUCT_LIST
WHERE PRICE <= 2000
```

出力

PRODUCT_CODE	PRODUCT_NAME	PRICE	PRODUCT_TYPE
1000	コーヒー	1000	食
1001	紅茶	1500	食

解答　練習問題 7-6

入力
```
SELECT * FROM PRODUCT_LIST
WHERE PRODUCT_TYPE <> '電'
```

出力

PRODUCT_CODE	PRODUCT_NAME	PRICE	PRODUCT_TYPE
1000	コーヒー	1000	食
1001	紅茶	1500	食
2000	ポット	3400	器
2001	サイフォン	8900	器

115

実践問題 5	行の選択（LIKE） PRODUCT_LIST（商品データ）から、PRODUCT_NAME（商品名）が "コーヒー" で始まる商品を調べなさい。

結果

出力

PRODUCT_CODE	PRODUCT_NAME	PRICE	PRODUCT_TYPE
1000	コーヒー	1000	食
3002	コーヒーメーカー	15000	電

ヒント

　PRODUCT_NAME（商品名）が "コーヒー" で始まるものや、どこかに "茶" が含まれるものといった条件で検索するには LIKE 述語を用います。LIKE 述語を用いることでパターンに一致する文字列を検索することができます。なお、パターンの指定には、以下の文字を特殊文字として利用することができます。

- ・パーセント文字（%）　　任意の n 文字からなる文字列
- ・下線文字（_）　　　　　任意の 1 文字

　例えば、2 文字目が "下" である任意の長さの文字列を検索するにはパターンとして '_下%' を指定します。

　例）STAFF_LIST（社員データ）から NAME（氏名）の 2 文字目が "下" である社員の参照例

入力
```
SELECT * FROM  STAFF_LIST
WHERE NAME LIKE '_下%'
```

出力

PID	NAME	AGE	SEXID	DIVISION_ID
0002	岩下　つとむ	35	0	1001
0004	木下　順平	25	0	1002

解答

入力　SELECT * FROM PRODUCT_LIST
　　　WHERE PRODUCT_NAME LIKE 'コーヒー%'

練習問題 7-9　STAFF_LIST（社員データ）から、NAME（氏名）に"田"が含まれる社員を調べなさい。

☛ 解答は 119 ページ

解答　練習問題 7-7

入力　SELECT * FROM STAFF_LIST
　　　WHERE AGE NOT BETWEEN 25 AND 35

または、

入力　SELECT * FROM STAFF_LIST
　　　WHERE AGE < 25
　　　　OR AGE > 35

出力

PID	NAME	AGE	SEXID	DIVISION_ID
0001	赤岩　圭吾	23	0	1000
0003	上田　健二	22	0	1001
0005	坂田　圭吾	44	0	1000
1000	清水　さおり	21	1	1000
1002	津田　あかね	22	1	1000
1003	深町　智子	20	1	1002

解答　練習問題 7-8

入力　SELECT * FROM PRODUCT_LIST
　　　WHERE PRODUCT_CODE BETWEEN 2000 AND 2999

または、

入力　SELECT * FROM PRODUCT_LIST
　　　WHERE PRODUCT_CODE >= 2000
　　　　AND PRODUCT_CODE <= 2999

出力

PRODUCT_CODE	PRODUCT_NAME	PRICE	PRODUCT_TYPE
2000	ポット	3400	器
2001	サイフォン	8900	器

<table>
<tr><td>実践問題</td><td rowspan="2">**行の選択（IN）**
PRODUCT_LIST（商品データ）から PRODUCT_CODE（商品コード）が 1001, 2001, 3001 の商品を調べなさい。</td></tr>
<tr><td>**6**</td></tr>
</table>

結果

出力

PRODUCT_CODE	PRODUCT_NAME	PRICE	PRODUCT_TYPE
1001	紅茶	1500	食
2001	サイフォン	8900	器
3001	電気ポット	20000	電

ヒント

　「列の値が××か○○か、または△△なもの」といったような、いくつかの値のうちどれかに一致するような列の値を調べるには IN 述語を用います。IN 述語を用いる場合、IN に続く括弧内に検索したい値を列挙します。

 商品データの PRODUCT_CODE（商品コード）は文字列型ですので、'1001' というようにシングルクオート（'）で値を囲む必要があります。

解答

入力　SELECT * FROM PRODUCT_LIST
　　　　WHERE PRODUCT_CODE IN (1001,2001,3001)

練習問題 7-10	STAFF_LIST（社員データ）から、AGE（年齢）が 21 才と 23 才の社員を調べなさい。

☛ 解答は 121 ページ

練習問題 7-11	ORDER_LIST（受注データ）から、PRODUCT_CODE（商品コード）が 1000 と 3001 の受注を調べなさい。

☛ 解答は 121 ページ

文字がよく見えない場合

SQL トレーナーの標準の文字サイズでは、コンマ（,）とピリオド（.）が小さくて区別できない場合があるかもしれません。このような場合は、フォントサイズを大きくするとよいでしょう。SQL 入力ウィンドウに表示する文字のサイズは、ツールバーの［フォントサイズ変更］ボタンをクリックすることで変更できます。

図：フォントサイズ変更ボタン

解答 練習問題 7-9

入力
```
SELECT * FROM  STAFF_LIST
WHERE  NAME LIKE '%田%'
```

出力

PID	NAME	AGE	SEXID	DIVISION_ID
0003	上田　健二	22	0	1001
0005	坂田　圭吾	44	0	1000
1001	田中　真弓	26	1	1001
1002	津田　あかね	22	1	1000

実践問題 7	複合条件による問い合わせ #1
	STAFF_LIST（社員データ）から、SEXID（性別コード）が 0（男）で、かつ AGE（年齢）が 30 才以上の社員を調べなさい。

結果

PID	NAME	AGE	SEXID	DIVISION_ID
0002	岩下　つとむ	35	0	1001
0005	坂田　圭吾	44	0	1000

ヒント

　SQL では、複数の検索条件による問い合わせを行うことができます。この場合、各検索条件を、AND（かつ）や OR（または）、NOT（ではない）といったブール演算子により結び付けます。

NOTE　ブール演算子 AND、OR、NOT は、真または偽の結果を返します。

解答

```
入力    SELECT * FROM STAFF_LIST
        WHERE SEXID = 0
          AND AGE >= 30
```

練習問題 7-12	STAFF_LIST（社員データ）から、SEXID（性別コード）が 1（女）で、かつ AGE（年齢）が 25 才未満の社員を調べなさい。

☞ 解答は 124 ページ

練習問題 7-13	STAFF_LIST（社員データ）から、NAME（氏名）に "田" が含まれ、かつ SEXID（性別コード）が 0（男）の社員を調べなさい。

☞ 解答は 124 ページ

練習問題 7-14	PRODUCT_LIST（商品データ）から、PRICE（価格）が ¥10,000 以上または PRODUCT_TYPE（商品区分）が "食" の商品を調べなさい。

☞ 解答は 124 ページ

練習問題 7-15	PRODUCT_LIST（商品データ）から、PRODUCT_TYPE（商品区分）が "食" でなく、かつ PRICE（価格）が ¥5,000 以下の商品を調べなさい。

☞ 解答は 125 ページ

解答

解答　練習問題 7-10

入力
```
SELECT * FROM STAFF_LIST
WHERE AGE IN (21,23)
```

出力

PID	NAME	AGE	SEXID	DIVISION_ID
0001	赤岩　圭吾	23	0	1000
1000	清水　さおり	21	1	1000

解答　練習問題 7-11

入力
```
SELECT * FROM ORDER_LIST
WHERE PRODUCT_CODE IN (1000,3001)
```

出力

ORDER_NO	PRODUCT_CODE	QUANTITY	CUSTOMER_CODE
1	1000	100	1001
4	3001	25	1000
5	1000	1000	1000

> **実践問題**
> **8**
>
> **複合条件による問い合わせ #2**
> STAFF_LIST（社員データ）から、DIVISION_ID（所属コード）
> が 1000 の社員、または AGE（年齢）が 30 才以上でかつ
> SEXID（性別コード）が 0（男）の社員を調べなさい。

結果

出力

PID	NAME	AGE	SEXID	DIVISION_ID
0001	赤岩　圭吾	23	0	1000
0002	岩下　つとむ	35	0	1001
0005	坂田　圭吾	44	0	1000
1000	清水　さおり	21	1	1000
1002	津田　あかね	22	1	1000

ヒント

　AND、OR、NOT を用いた複合条件による検索では、括弧を用いて演算の優先順位をつけることができます。例えば、A AND（B OR C）は、B OR C が先に実行され、その結果と A の AND がとられます。このように括弧を用いることで複雑な複合条件による検索が可能になります。

解答

入力
```
SELECT * FROM STAFF_LIST
WHERE DIVISION_ID = '1000'
   OR (AGE >= 30 AND SEXID = 0)
```

練習問題 7-16　STAFF_LIST（社員データ）から、PID（社員番号）が 1 または 5 で終わる社員で、かつ SEXID（性別コード）が 0（男）の社員を調べなさい。

☞ 解答は 125 ページ

実践問題 9

集合関数（総和）
PRODUCT_LIST（商品データ）のすべての商品の PRICE（価格）合計を求めなさい。

結果

出力

SUM
49800

ヒント

　SQL では、表の行や列だけを取り出すという操作だけではなく、表中のデータを集計するといった操作を行うことも可能です。この集計操作を行うために利用されるのが集合関数（集約関数）です。ある列の値の合計を求めるには集合関数 SUM を用います。さらに、集合関数では WHERE 句で条件を指定することにより特定の条件に一致した行の値だけを集計することができます。

解答

入力　　`SELECT SUM(PRICE) FROM PRODUCT_LIST`

練習問題 7-17
　ORDER_LIST（受注データ）から、CUSTOMER_CODE（顧客コード）1001 の顧客が注文した商品の QUANTITY（個数）の合計を求めなさい。

☛ 解答は 125 ページ

解　答

解答　練習問題 7-12

入力
```
SELECT * FROM STAFF_LIST
WHERE SEXID = 1
    AND AGE < 25
```

出力

PID	NAME	AGE	SEXID	DIVISION_ID
1000	清水　さおり	21	1	1000
1002	津田　あかね	22	1	1000
1003	深町　智子	20	1	1002

解答　練習問題 7-13

入力
```
SELECT * FROM STAFF_LIST
WHERE NAME LIKE '%田%'
    AND SEXID = 0
```

出力

PID	NAME	AGE	SEXID	DIVISION_ID
0003	上田　健二	22	0	1001
0005	坂田　圭吾	44	0	1000

解答　練習問題 7-14

入力
```
SELECT * FROM PRODUCT_LIST
WHERE PRICE >= 10000
    OR PRODUCT_TYPE = '食'
```

出力

PRODUCT_CODE	PRODUCT_NAME	PRICE	PRODUCT_TYPE
1000	コーヒー	1000	食
1001	紅茶	1500	食
3001	電気ポット	20000	電
3002	コーヒーメーカー	15000	電

解答 練習問題 7-15

入力
```
SELECT * FROM PRODUCT_LIST
WHERE NOT PRODUCT_TYPE = ' 食 '
  AND PRICE <= 5000
```

または

入力
```
SELECT * FROM PRODUCT_LIST
WHERE PRODUCT_TYPE <> ' 食 '
  AND PRICE <= 5000
```

出力

PRODUCT_CODE	PRODUCT_NAME	PRICE	PRODUCT_TYPE
2000	ポット	3400	器

解答 練習問題 7-16

入力
```
SELECT * FROM STAFF_LIST
WHERE (PID LIKE '%1' OR PID LIKE '%5')
  AND SEXID = 0
```

出力

PID	NAME	AGE	SEXID	DIVISION_ID
0001	赤岩　圭吾	23	0	1000
0005	坂田　圭吾	44	0	1000

解答 練習問題 7-17

入力
```
SELECT SUM(QUANTITY) FROM ORDER_LIST
WHERE CUSTOMER_CODE = '1001'
```

出力

SUM
180

実践問題

10

集合関数（平均）

STAFF_LIST（社員データ）から、SEXID（性別コード）が 1（女）の社員の平均 AGE（年齢）を求めなさい。

結果

出力	**AVG**
	22

※ SQL トレーナーでは AGE（年齢）の小数点以下は丸められます。

ヒント

平均を求めるには集合関数 AVG を用います。

解答

入力
```
SELECT AVG(AGE) FROM  STAFF_LIST
WHERE SEXID = 1
```

練習問題 7-18　STAFF_LIST（社員データ）から、SEXID（性別コード）が 0（男）の社員の平均 AGE（年齢）を求めなさい。

☛ 解答は 128 ページ

練習問題 7-19　PRODUCT_LIST（商品データ）から、PRODUCT_TYPE（商品区分）が "食" の商品の平均 PRICE（価格）を求めなさい。

☛ 解答は 128 ページ

実践問題
11

集合関数（最大と最小）
STAFF_LIST（社員データ）の中でもっとも若い社員の
AGE（年齢）を調べなさい。

結果

 出力

MIN
20

ヒント

　最小値を求めるには集合関数 MIN を用います。また、最大値を求めるには MAX を用います。

解答

入力　SELECT MIN(AGE) FROM STAFF_LIST

練習問題 7-20　STAFF_LIST（社員データ）の DIVISION_ID（所属コード）が 1000 または 1001 の社員のうち、最年長者の AGE（年齢）を調べなさい。

☞ 解答は 128 ページ

127

解答 練習問題 7-18

入力　SELECT AVG(AGE) FROM STAFF_LIST
　　　　WHERE SEXID = 0

出力

AVG
29

解答 練習問題 7-19

入力　SELECT AVG(PRICE) FROM PRODUCT_LIST
　　　　WHERE PRODUCT_TYPE = ' 食 '

出力

AVG
1250

解答 練習問題 7-20

入力　SELECT MAX(AGE) FROM STAFF_LIST
　　　　WHERE DIVISION_ID IN ('1000', '1001')

または、

入力　SELECT MAX(AGE) FROM STAFF_LIST
　　　　WHERE DIVISION_ID = '1000'
　　　　　　OR DIVISION_ID = '1001'

出力

MAX
44

集合関数（総数）
STAFF_LIST（社員データ）から、SEXID（性別コード）が 1（女）の社員の人数を調べなさい（STAFF_LIST（社員データ）から女性社員の人数を調べなさい）。

結果

COUNT
4

ヒント

ある条件に一致する人数や個数を調べるには、COUNT(*) を用います。COUNT(*) は、検索結果が空集合（行が 1 行もない）の場合には 0 を返します。また、COUNT(*) では、ナル値をもつデータも対象としてカウントされます。

解答

入力
```
SELECT COUNT(*) FROM STAFF_LIST
WHERE SEXID = 1
```

練習問題 7-21　STAFF_LIST（社員データ）から、全社員数を調べなさい。　解答は 132 ページ

練習問題 7-22　PRODUCT_LIST（商品データ）から、PRODUCT_TYPE（商品区分）が"食"でなく、かつ商品 PRICE（価格）が ¥5,000 以上の商品の数を調べなさい。　解答は 132 ページ

実践問題

13

表の結合

STAFF_LIST（社員データ）と SEX_LIST（性別データ）を、SEXID（性別コード）で関連付けて結合しなさい。

結果

出力

PID	NAME	AGE	SEXID	DIVISION_ID	SEXID1	SEX
0001	赤岩　圭吾	23	0	1000	0	男
0002	岩下　つとむ	35	0	1001	0	男
0003	上田　健二	22	0	1001	0	男
0004	木下　順平	25	0	1002	0	男
0005	坂田　圭吾	44	0	1000	0	男
0006	野村　伸治	28	0	1002	0	男
1000	清水　さおり	21	1	1000	1	女
1001	田中　真弓	26	1	1001	1	女
1002	津田　あかね	22	1	1000	1	女
1003	深町　智子	20	1	1002	1	女

ヒント

　SQL を用いることで、複数の表を結合することができます。結合とは、基本的には 2 つの表を組み合わせて作れる行をすべて含む表の作成操作です。このように、すべての組み合わせ表を作ることを「**直積をとる**」といいます。次の表は、以下の SQL 文により STAFF_LIST（社員データ）とSEX_LIST（性別データ）の直積をとったものです。

入力　`SELECT * FROM  STAFF_LIST, SEX_LIST`

出力

PID	NAME	AGE	SEXID	DIVISION_ID	SEXID1	SEX
0001	赤岩　圭吾	23	0	1000	0	男
0002	岩下　つとむ	35	0	1001	0	男
0003	上田　健二	22	0	1001	0	男
0004	木下　順平	25	0	1002	0	男
0005	坂田　圭吾	44	0	1000	0	男

0006	野村　伸治	28	0	1002	0	男
1000	清水　さおり	21	1	1000	0	男
1001	田中　真弓	26	1	1001	0	男
1002	津田　あかね	22	1	1000	0	男
1003	深町　智子	20	1	1002	0	男
0001	赤岩　圭吾	23	0	1000	1	女
0002	岩下　つとむ	35	0	1001	1	女
0003	上田　健二	22	0	1001	1	女
0004	木下　順平	25	0	1002	1	女
0005	坂田　圭吾	44	0	1000	1	女
0006	野村　伸治	28	0	1002	1	女
1000	清水　さおり	21	1	1000	1	女
1001	田中　真弓	26	1	1001	1	女
1002	津田　あかね	22	1	1000	1	女
1003	深町　智子	20	1	1002	1	女

　結合では、この直積によって得られた表から、条件にあったものだけを取り出します。具体的には、WHERE 句に抜き出す条件を記述します。WHERE 句では、条件中の 2 つの表の同じ列名を区別するために「表名 . 列名」という形でピリオドで表名と列名をつなげて表記します。例えば STAFF_LIST(社員データ)の SEXID(性別コード)を表現する場合は、「STAFF_LIST.SEXID」と記述します。

解答

入力
```
SELECT * FROM  STAFF_LIST, SEX_LIST
WHERE STAFF_LIST.SEXID = SEX_LIST.SEXID
```

練習問題 7-23　STAFF_LIST（社員データ）と DIVISION_LIST（所属データ）を、DIVISION_ID（所属コード）で関連付けて結合しなさい。　　☛ 解答は 132 ページ

解答

解答 **練習問題 7-21**

入力　SELECT COUNT(*) FROM STAFF_LIST

出力

COUNT
10

解答 **練習問題 7-22**

入力　SELECT COUNT(*) FROM PRODUCT_LIST
　　　WHERE PRODUCT_TYPE <> ' 食 '
　　　　AND PRICE >= 5000

出力

COUNT
3

解答 **練習問題 7-23**

入力　SELECT * FROM STAFF_LIST, DIVISION_LIST
　　　WHERE STAFF_LIST.DIVISION_ID = DIVISION_LIST.DIVISION_ID

出力

PID	NAME	AGE	SEXID	DIVISION_ID	DIVISION_ID1	DIVISION_NAME
0001	赤岩　圭吾	23	0	1000	1000	経理部
0002	岩下　つとむ	35	0	1001	1001	人事部
0003	上田　健二	22	0	1001	1001	人事部
0004	木下　順平	25	0	1002	1002	営業部
0005	坂田　圭吾	44	0	1000	1000	経理部
0006	野村　伸治	28	0	1002	1002	営業部
1000	清水　さおり	21	1	1000	1000	経理部
1001	田中　真弓	26	1	1001	1001	人事部
1002	津田　あかね	22	1	1000	1000	経理部
1003	深町　智子	20	1	1002	1002	営業部

実践問題 14

表の結合と射影

STAFF_LIST（社員データ）／ SEX_LIST（性別データ）／ DIVISION_LIST（所属データ）から、「PID（社員番号）」「NAME（氏名）」「AGE（年齢）」「SEX（性別）」「DIVISION_NAME（部署名）」による表を求めなさい（出力結果を参照）。

結果

出力

PID	NAME	AGE	SEX	DIVISION_NAME
0001	赤岩　圭吾	23	男	経理部
0002	岩下　つとむ	35	男	人事部
0003	上田　健二	22	男	人事部
0004	木下　順平	25	男	営業部
0005	坂田　圭吾	44	男	経理部
0006	野村　伸治	28	男	営業部
1000	清水　さおり	21	女	経理部
1001	田中　真弓	26	女	人事部
1002	津田　あかね	22	女	経理部
1003	深町　智子	20	女	営業部

ヒント

　表の結合と特定の列の選択（射影）を組み合わせることで、結合された結果をすっきりとした形で表示することができます。実践問題 14 は、STAFF_LIST（社員データ）の DIVISION_ID（所属コード）や SEXID（性別コード）をそれぞれ DIVISION_NAME（部署名）と SEX（性別）に置き換えて見やすくするのが目的です。

解答

入力

```
SELECT PID, NAME, AGE, SEX, DIVISION_NAME
FROM STAFF_LIST, SEX_LIST, DIVISION_LIST
WHERE STAFF_LIST.SEXID = SEX_LIST.SEXID
  AND STAFF_LIST.DIVISION_ID =
        DIVISION_LIST.DIVISION_ID
```

練習問題 7-24　ORDER_LIST（受注データ）／ PRODUCT_LIST（商品デー
タ）／ CUSTOMER_LIST（顧客データ）から、次の表を求
めなさい。

ORDER_NO	PRODUCT_NAME	PRICE	QUANTITY	CUSTOMER_NAME
1	コーヒー	1000	100	△△電気
2	サイフォン	8900	50	○○有限会社
3	コーヒーメーカー	15000	80	△△電気
4	電気ポット	20000	25	○×商事
5	コーヒー	1000	1000	○×商事
6	サイフォン	8900	150	○○有限会社

☛ 解答は 136 ページ

練習問題 7-25　STAFF_QUALIFICATIONS（社員資格データ）／ STAFF_
LIST（社員データ）／ QUALIFICATION_LIST（資格データ）
から、次の表を求めなさい。

PID	NAME	QUALIFICATION_NAME
0001	赤岩　圭吾	会計士
0001	赤岩　圭吾	簿記
0001	赤岩　圭吾	普通免許
0002	岩下　つとむ	普通免許
0003	上田　健二	普通免許
0004	木下　順平	英検 1 級
0005	坂田　圭吾	簿記
0006	野村　伸治	普通免許
1000	清水　さおり	英検 1 級
1000	清水　さおり	簿記
1001	田中　真弓	普通免許
1002	津田　あかね	簿記
1003	深町　智子	情報処理 2 種
1003	深町　智子	普通免許
1003	深町　智子	英検 1 級

※ 複数の表に同じ列
名が含まれている場合
は、131 ページで説明
したように、ピリオド
で表名と列名をつなげ
て表記する必要があり
ます。練習問題 7-25
では PID が 2 つの表
に含まれているので注
意してください。

☛ 解答は 137 ページ

表の結合と選択 #1

STAFF_LIST（社員データ）と DIVISION_LIST（所属データ）から、経理部に所属する社員の「PID（社員番号）」「NAME（氏名）」「AGE（年齢）」を調べなさい。

結果

〔出力〕

PID	NAME	AGE
0001	赤岩　圭吾	23
0005	坂田　圭吾	44
1000	清水　さおり	21
1002	津田　あかね	22

ヒント

　SQL では、表の結合と選択を同時に行うことも可能です。このような表の結合と選択を同時に行うには、AND や OR、NOT を用いた複合条件を利用します。

解答

〔入力〕
```
SELECT PID, NAME, AGE
FROM STAFF_LIST, DIVISION_LIST
WHERE STAFF_LIST.DIVISION_ID =
        DIVISION_LIST.DIVISION_ID
  AND DIVISION_NAME = '経理部'
```

練習問題 7-26

ORDER_LIST（受注データ）と PRODUCT_LIST（商品データ）から、○×商事（CUSTOMER_CODE（顧客コード）が 1000）が受注している商品の「ORDER_NO（受注番号）」「PRODUCT_NAME（商品名）」「QUANTITY（個数）」を調べなさい。

☛ 解答は 139 ページ

練習問題 7-27　STAFF_QUALIFICATIONS（社員資格データ）／ STAFF_
LIST（社員データ）／ QUALIFICATION_LIST（資格データ）
から、普通免許をもつ社員の「NAME（氏名）」を調べな
さい。

☞ 解答は 139 ページ

練習問題 7-28　STAFF_LIST（社員データ）／ SEX_LIST（性別データ）／
DIVISION_LIST（所属データ）から、女性または AGE（年齢）
が 25 才以下の社員の「PID（社員番号）」「NAME（氏名）」
「AGE（年齢）」「SEX（性別）」「DIVISION_NAME（部署名）」
を調べなさい。

☞ 解答は 140 ページ

解答

解答　練習問題 7-24

入力
```
SELECT ORDER_NO, PRODUCT_NAME, PRICE, QUANTITY, CUSTOMER_NAME
FROM ORDER_LIST, PRODUCT_LIST, CUSTOMER_LIST
WHERE ORDER_LIST.PRODUCT_CODE = PRODUCT_LIST.PRODUCT_CODE
  AND ORDER_LIST.CUSTOMER_CODE = CUSTOMER_LIST.CUSTOMER_CODE
```

出力

ORDER_NO	PRODUCT_NAME	PRICE	QUANTITY	CUSTOMER_NAME
1	コーヒー	1000	100	△△電気
2	サイフォン	8900	50	○○有限会社
3	コーヒーメーカー	15000	80	△△電気
4	電気ポット	20000	25	○×商事
5	コーヒー	1000	1000	○×商事
6	サイフォン	8900	150	○○有限会社

解答　練習問題 7-25

入力

```
SELECT STAFF_QUALIFICATIONS.PID, NAME, QUALIFICATION_NAME
FROM STAFF_QUALIFICATIONS, STAFF_LIST, QUALIFICATION_LIST
WHERE STAFF_QUALIFICATIONS.PID = STAFF_LIST.PID
  AND STAFF_QUALIFICATIONS.QUALIFICATION_CODE =
       QUALIFICATION_LIST.QUALIFICATION_CODE
```

出力

PID	NAME	QUALIFICATION_NAME
0001	赤岩　圭吾	会計士
0001	赤岩　圭吾	簿記
0001	赤岩　圭吾	普通免許
0002	岩下　つとむ	普通免許
0003	上田　健二	普通免許
0004	木下　順平	英検１級
0005	坂田　圭吾	簿記
0006	野村　伸治	普通免許
1000	清水　さおり	英検１級
1000	清水　さおり	簿記
1001	田中　真弓	普通免許
1002	津田　あかね	簿記
1003	深町　智子	情報処理２種
1003	深町　智子	普通免許
1003	深町　智子	英検１級

<table>
<tr><td>実践問題
16</td><td>表の結合と選択 #2
STAFF_LIST（社員データ）／ SEX_LIST（性別データ）／
DIVISION_LIST（所属データ）から、25 才〜 30 才の
間（25 才以上 30 才以下）の社員の「PID（社員番号）」
「NAME（氏名）」「AGE（年齢）」「SEX（性別）」「DIVI
SION_NAME（部署名）」を調べなさい。</td></tr>
</table>

結果

出力

PID	NAME	AGE	SEX	DIVISION_NAME
0004	木下　順平	25	男	営業部
0006	野村　伸治	28	男	営業部
1001	田中　真弓	26	女	人事部

ヒント

　表の結合と BETWEEN を用いた選択です。基本的には実践問題 15 と同じです。

解答

入力
```
SELECT PID, NAME, AGE, SEX, DIVISION_NAME
FROM STAFF_LIST, SEX_LIST, DIVISION_LIST
WHERE STAFF_LIST.SEXID = SEX_LIST.SEXID
  AND STAFF_LIST.DIVISION_ID =
        DIVISION_LIST.DIVISION_ID
  AND AGE BETWEEN 25 AND 30
```

練習問題 7-29

　ORDER_LIST（受注データ）／ PRODUCT_LIST（商品データ）／ CUSTOMER_LIST（顧客データ）から、PRICE（価格）が ¥1,000 〜 ¥10,000 の間の商品の「ORDER_NO（受注番号）」「PRODUCT_NAME（商品名）」「PRICE（価格）」「QUANTITY（個数）」「CUSTOMER_NAME（顧客名）」「ACCOUNT（口座番号）」を調べなさい。

☞ 解答は 140 ページ

解答 練習問題 7-26

入力
```
SELECT ORDER_NO, PRODUCT_NAME, QUANTITY
FROM ORDER_LIST, PRODUCT_LIST
WHERE ORDER_LIST.PRODUCT_CODE = PRODUCT_LIST.PRODUCT_CODE
  AND CUSTOMER_CODE = '1000'
```

出力

ORDER_NO	PRODUCT_NAME	QUANTITY
4	電気ポット	25
5	コーヒー	1000

解答 練習問題 7-27

入力
```
SELECT NAME
FROM STAFF_QUALIFICATIONS, STAFF_LIST, QUALIFICATION_LIST
WHERE STAFF_QUALIFICATIONS.PID = STAFF_LIST.PID
  AND STAFF_QUALIFICATIONS.QUALIFICATION_CODE =
          QUALIFICATION_LIST.QUALIFICATION_CODE
  AND QUALIFICATION_NAME = ' 普通免許 '
```

出力

NAME
赤岩　圭吾
岩下　つとむ
上田　健二
野村　伸治
田中　真弓
深町　智子

解答 練習問題 7-28

入力
```
SELECT PID, NAME, AGE, SEX, DIVISION_NAME
FROM STAFF_LIST, SEX_LIST, DIVISION_LIST
WHERE STAFF_LIST.SEXID = SEX_LIST.SEXID
  AND STAFF_LIST.DIVISION_ID = DIVISION_LIST.DIVISION_ID
  AND (STAFF_LIST.SEXID = 1 OR AGE <= 25)
```

出力

PID	NAME	AGE	SEX	DIVISION_NAME
0001	赤岩　圭吾	23	男	経理部
0003	上田　健二	22	男	人事部
0004	木下　順平	25	男	営業部
1000	清水　さおり	21	女	経理部
1001	田中　真弓	26	女	人事部
1002	津田　あかね	22	女	経理部
1003	深町　智子	20	女	営業部

解答 練習問題 7-29

入力
```
SELECT ORDER_NO, PRODUCT_NAME, PRICE, QUANTITY,
CUSTOMER_NAME, ACCOUNT
FROM ORDER_LIST, PRODUCT_LIST, CUSTOMER_LIST
WHERE ORDER_LIST.PRODUCT_CODE = PRODUCT_LIST.PRODUCT_CODE
  AND ORDER_LIST.CUSTOMER_CODE = CUSTOMER_LIST.CUSTOMER_CODE
  AND PRICE BETWEEN 1000 AND 10000
```

出力

ORDER_NO	PRODUCT_NAME	PRICE	QUANTITY	CUSTOMER_NAME	ACCOUNT
1	コーヒー	1000	100	△△電気	001-1233
2	サイフォン	8900	50	○○有限会社	022-3899
5	コーヒー	1000	1000	○×商事	000-1234
6	サイフォン	8900	150	○○有限会社	022-3899

実践問題 17

表の結合と選択 #3

STAFF_QUALIFICATIONS（社員資格データ）／ STAFF_LIST（社員データ）／ QUALIFICATION_LIST（資格データ）から、NAME（氏名）に"圭吾"が含まれる社員の「NAME（氏名）」と「QUALIFICATION_NAME（資格名）」を調べなさい。

結果

出力

NAME	QUALIFICATION_NAME
赤岩　圭吾	会計士
赤岩　圭吾	簿記
赤岩　圭吾	普通免許
坂田　圭吾	簿記

ヒント

表の結合と LIKE による文字列検索の組み合わせです。これも基本的には実践問題 15 と同じです。

解答

入力
```
SELECT NAME, QUALIFICATION_NAME
FROM STAFF_QUALIFICATIONS, STAFF_LIST,
      QUALIFICATION_LIST
WHERE STAFF_QUALIFICATIONS.PID =
        STAFF_LIST.PID
AND STAFF_QUALIFICATIONS.QUALIFICATION_CODE =
      QUALIFICATION_LIST.QUALIFICATION_CODE
AND NAME LIKE '%圭吾%'
```

練習問題 7-30 ORDER_LIST（受注データ）と PRODUCT_LIST（商品データ）から、PRODUCT_NAME（商品名）に "コーヒー" が含まれる商品の「ORDER_NO（受注番号）」「PRODUCT_NAME（商品名）」「PRICE（価格）」「QUANTITY（個数）」を調べなさい。

☞ 解答は 145 ページ

練習問題 7-31 ORDER_LIST（受注データ）／ PRODUCT_LIST（商品データ）／ CUSTOMER_LIST（顧客データ）から、CUSTOMER_NAME（顧客名）が "有限" を含む顧客が注文した商品の「CUSTOMER_NAME（顧客名）」「PRODUCT_NAME（商品名）」「QUANTITY（個数）」を調べなさい。

☞ 解答は 145 ページ

LIKE 句を利用して検索を行う場合、列の定義型に注意が必要となります。可変長文字列型（VARCHAR）の場合は、「末尾が○○で終わる」データを検索したい場合には LIKE '%○○' で検索できます。しかしながら、固定長文字列型（CHAR）の場合は、文字列の長さになるまで末尾にスペースで埋められているため、LIKE '%○○' では検索できません。
この場合は、LIKE '%○○%' として検索するか、後ろのスペースの数がわかっている場合には、LIKE '%○○＿＿＿' といった形で検索を行う必要があります。
固定長文字列で、スペースを除いた検索を行いたい場合は、本書では説明していませんが、TRIM 関数を利用して以下のように記述します。

入力　（NAMEが固定長文字列の場合）
```
SELECT * FROM STAFF_LIST
WHERE TRIM(NAME) like '%む'
```

<table>
<tr><td rowspan="2">実践問題
18</td><td>表の結合と選択 #4</td></tr>
<tr><td>STAFF_LIST（社員データ）／ DIVISION_LIST（所属データ）／ STAFF_QUALIFICATIONS（社員資格データ）／ QUALIFICATION_LIST（資格データ）から、DIVISION_NAME（部署名）が "経理部" で QUALIFICAION_NAME（資格名）に "会計士" または "簿記" をもつ社員の「NAME（氏名）」「AGE（年齢）」「DIVISION_NAME（部署名）」「QUALIFICATION_NAME（資格名）」を調べなさい。</td></tr>
</table>

結果

出力

NAME	AGE	DIVISION_NAME	QUALIFICATION_NAME
赤岩　圭吾	23	経理部	会計士
赤岩　圭吾	23	経理部	簿記
坂田　圭吾	44	経理部	簿記
清水　さおり	21	経理部	簿記
津田　あかね	22	経理部	簿記

ヒント

　結合と IN による選択の組み合わせです。"会計士" または "簿記" のどちらかという条件の検索は、ブール演算子 OR を用いても行うことができますが、ここでは IN を使って解答してください。

解答

入力
```
SELECT NAME, AGE, DIVISION_NAME,
       QUALIFICATION_NAME
FROM STAFF_LIST, DIVISION_LIST,
     STAFF_QUALIFICATIONS, QUALIFICATION_LIST
WHERE STAFF_LIST.DIVISION_ID =
        DIVISION_LIST.DIVISION_ID
  AND STAFF_LIST.PID = STAFF_QUALIFICATIONS.PID
  AND STAFF_QUALIFICATIONS.QUALIFICATION_CODE =
        QUALIFICATION_LIST.QUALIFICATION_CODE
  AND DIVISION_NAME = '経理部'
  AND QUALIFICATION_NAME IN ('会計士','簿記')
```

練習問題 7-32

ORDER_LIST（受注データ）と PRODUCT_LIST（商品データ）から、PRODUCT_NAME（商品名）が"コーヒー"または"コーヒーメーカー"の商品の「ORDER_NO（受注番号）」「PRODUCT_NAME（商品名）」「PRICE（価格）」「QUANTITY（個数）」を調べなさい。

☛ 解答は 149 ページ

解答

解答 練習問題 7-30

入力
```
SELECT ORDER_NO, PRODUCT_NAME, PRICE, QUANTITY
FROM ORDER_LIST, PRODUCT_LIST
WHERE ORDER_LIST.PRODUCT_CODE = PRODUCT_LIST.PRODUCT_CODE
  AND PRODUCT_NAME like '％コーヒー％'
```

出力

ORDER_NO	PRODUCT_NAME	PRICE	QUANTITY
1	コーヒー	1000	100
3	コーヒーメーカー	15000	80
5	コーヒー	1000	1000

解答 練習問題 7-31

入力
```
SELECT CUSTOMER_NAME, PRODUCT_NAME, QUANTITY
FROM ORDER_LIST,PRODUCT_LIST,CUSTOMER_LIST
WHERE ORDER_LIST.PRODUCT_CODE = PRODUCT_LIST.PRODUCT_CODE
  AND ORDER_LIST.CUSTOMER_CODE = CUSTOMER_LIST.CUSTOMER_CODE
  AND CUSTOMER_NAME LIKE '％有限％'
```

出力

CUSTOMER_NAME	PRODUCT_NAME	QUANTITY
○○有限会社	サイフォン	50
○○有限会社	サイフォン	150

| 実践問題 **19** | 表の和集合
STAFF_LIST（社員データ）と STAFF_LIST2（社員データ 2）
から、1 つの社員名簿を求めなさい。 |

結果

出力

PID	NAME	AGE	SEXID	DIVISION_ID
0001	赤岩　圭吾	23	0	1000
0002	岩下　つとむ	35	0	1001
0003	上田　健二	22	0	1001
0004	木下　順平	25	0	1002
0005	坂田　圭吾	44	0	1000
0006	野村　伸治	28	0	1002
0007	山田　浩次	23	0	1000
0008	東野　雅晴	32	0	1002
1000	清水　さおり	21	1	1000
1001	田中　真弓	26	1	1001
1002	津田　あかね	22	1	1000
1003	深町　智子	20	1	1002
1004	瀧口　美香	20	1	1000

ヒント

　2 つの表を縦（行方向）につなげるには UNION を用います。UNION を
用いると 2 つの SELECT 文による問い合わせ結果を縦（行方向）につなぎ
合わせることができます。この操作により得られる表を和集合と呼びます。
なお、UNION は 1 つの表に対する問い合わせ結果をつなぎ合わせることも
できます（練習問題 7-35 参照）。

NOTE
UNION を用いる場合、2 つの SELECT 文による問い合わせ結果が以下の条件を満たさなければなりません。

（1）2 つの表の列の数が同じである
（2）対応する各列の型が同じである

これを、和両立と呼びます。なお、これらの条件が満たされていない場合は、エラーとなり 2 つの表の和集合をとることはできません。

解答

入力
```
SELECT * FROM STAFF_LIST
UNION
SELECT * FROM STAFF_LIST2
```

練習問題 **7-33**　STAFF_LIST（社員データ）と STAFF_LIST2（社員データ 2）から、SEXID（性別コード）が 1（女）の社員の名簿を求めなさい。

☞ 解答は 149 ページ

練習問題 **7-34**　STAFF_LIST（社員データ）と STAFF_LIST2（社員データ 2）から、AGE（年齢）が 25 才以下の社員の「NAME（氏名）」「AGE（年齢）」による名簿を求めなさい。

☞ 解答は 149 ページ

練習問題 **7-35**　STAFF_LIST（社員データ）から、AGE（年齢）が 25 才以下と 30 才より大きい社員の「NAME（氏名）」「AGE（年齢）」による名簿を UNION を用いて求めなさい。

☞ 解答は 150 ページ

実践問題 20	副問い合わせ（比較）

STAFF_LIST（社員データ）から、SEXID（性別コード）が 1（女）で、かつ AGE（年齢）が社員の平均年齢以下の社員の「PID（社員番号）」「NAME（氏名）」「AGE（年齢）」を調べなさい。

結果

出力

PID	NAME	AGE
1000	清水　さおり	21
1001	田中　真弓	26
1002	津田　あかね	22
1003	深町　智子	20

ヒント

　SQL による問い合わせでは、WHERE 句の中でさらに SELECT を用いた問い合わせを行うことができます。この入れ子になった問い合わせの部分を**副問い合わせ**と呼びます。入れ子は、基本的には何重になっていてもかまいません。副問い合わせの結果が 1 つである場合には、その結果を <=、>=、<>、<、>、= などの比較演算子と組み合わせて主問い合わせの中で利用することができます。

　この問題では、副問い合わせ（社員の平均 AGE（年齢）の導出）の結果は 1 つの値となり、副問い合わせの結果との比較による選択を主問い合わせの中で行うことができます。

解答

入力
```
SELECT PID, NAME, AGE FROM STAFF_LIST
WHERE SEXID = 1
  AND AGE <= (SELECT AVG(AGE)
              FROM STAFF_LIST)
```

練習問題 7-36	PRODUCT_LIST（商品データ）から、PRICE（価格）が商品の平均 PRICE（価格）より高い商品を調べなさい。

☞ 解答は 150 ページ

解答 練習問題 7-32

入力
```
SELECT ORDER_NO, PRODUCT_NAME, PRICE, QUANTITY
FROM ORDER_LIST, PRODUCT_LIST
WHERE ORDER_LIST.PRODUCT_CODE = PRODUCT_LIST.PRODUCT_CODE
    AND PRODUCT_NAME IN ('コーヒー','コーヒーメーカー')
```

出力

ORDER_NO	PRODUCT_NAME	PRICE	QUANTITY
1	コーヒー	1000	100
3	コーヒーメーカー	15000	80
5	コーヒー	1000	1000

解答 練習問題 7-33

入力
```
SELECT * FROM STAFF_LIST WHERE SEXID = 1
UNION
SELECT * FROM STAFF_LIST2 WHERE SEXID = 1
```

出力

PID	NAME	AGE	SEXID	DIVISION_ID
1000	清水　さおり	21	1	1000
1001	田中　真弓	26	1	1001
1002	津田　あかね	22	1	1000
1003	深町　智子	20	1	1002
1004	瀧口　美香	20	1	1000

解答 練習問題 7-34

入力
```
SELECT NAME, AGE FROM STAFF_LIST WHERE AGE <= 25
UNION
SELECT NAME, AGE FROM STAFF_LIST2 WHERE AGE <= 25
```

出力

NAME	AGE
山田　浩次	23
上田　健二	22
深町　智子	20
清水　さおり	21
赤岩　圭吾	23
瀧口　美香	20
津田　あかね	22
木下　順平	25

解答

解答 練習問題 7-35

入力
```
SELECT NAME, AGE FROM STAFF_LIST WHERE AGE <= 25
UNION
SELECT NAME, AGE FROM STAFF_LIST WHERE AGE > 30
```

出力

NAME	AGE
岩下　つとむ	35
坂田　圭吾	44
上田　健二	22
深町　智子	20
清水　さおり	21
赤岩　圭吾	23
津田　あかね	22
木下　順平	25

解答 練習問題 7-36

入力
```
SELECT * FROM PRODUCT_LIST
WHERE PRICE > (SELECT AVG(PRICE) FROM PRODUCT_LIST)
```

出力

PRODUCT_CODE	PRODUCT_NAME	PRICE	PRODUCT_TYPE
2001	サイフォン	8900	器
3001	電気ポット	20000	電
3002	コーヒーメーカー	15000	電

実践問題

21

副問い合わせ（IN）

PRODUCT_LIST（商品データ）から、ORDER_LIST（受注データ）に含まれる商品を調べなさい。

結果

出力

PRODUCT_CODE	PRODUCT_NAME	PRICE	PRODUCT_TYPE
1000	コーヒー	1000	食
2001	サイフォン	8900	器
3001	電気ポット	20000	電
3002	コーヒーメーカー	15000	電

ヒント

　IN を用いた副問い合わせ問題です。IN では、副問い合わせの結果が複数の行でもかまいません。しかし、副問い合わせの結果は必ず 1 つの列である必要があります。

解答

入力
```
SELECT * FROM PRODUCT_LIST
WHERE PRODUCT_CODE IN
      (SELECT PRODUCT_CODE FROM ORDER_LIST)
```

練習問題 7-37　PRODUCT_LIST（商品データ）から、ORDER_LIST（受注データ）に含まれない商品（受注がない商品）を調べなさい。

☞ 解答は 153 ページ

練習問題 7-38　STAFF_LIST（社員データ）から、"会計士" または "簿記" の QUALIFICATION_NAME（資格名）をもつ社員を調べなさい。なお、資格の有無は STAFF_QUALIFICATIONS（社員資格データ）と QUALIFICATION_LIST（資格データ）を用いた副問い合わせで確認すること。

☞ 解答は 153 ページ

練習問題 7-39　ORDER_LIST（受注データ）と PRODUCT_LIST（商品データ）から、CUSTOMER_NAME（顧客名）が "△△電気" または "○○有限会社" の注文した受注商品の「ORDER_NO（受注番号）」「PRODUCT_NAME（商品名）」「QUANTITY（個数）」を調べなさい。

☞ 解答は 155 ページ

SQL 文をクリアする

入力した SQL 文をクリアするには、ツールバーから[SQL 文のクリア]ボタンをクリックします。このボタンをクリックすると、SQL 入力ウィンドウが空になります。なお、この操作は［編集（E）］メニューの［SQL 文のクリア］でも可能です。

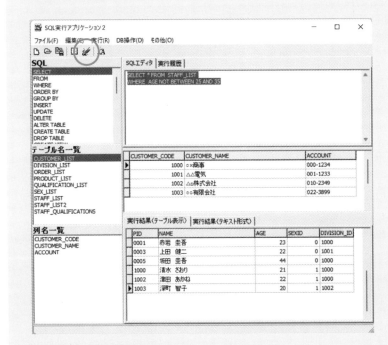

図：入力した SQL 文のクリア

解答

解答 練習問題 7-37

入力
```
SELECT * FROM PRODUCT_LIST
WHERE PRODUCT_CODE NOT IN
        (SELECT PRODUCT_CODE FROM ORDER_LIST)
```

出力

PRODUCT_CODE	PRODUCT_NAME	PRICE	PRODUCT_TYPE
1001	紅茶	1500	食
2000	ポット	3400	器

解答 練習問題 7-38

入力
```
SELECT * FROM STAFF_LIST
WHERE PID IN
        (SELECT PID FROM STAFF_QUALIFICATIONS, QUALIFICATION_LIST
        WHERE STAFF_QUALIFICATIONS.QUALIFICATION_CODE =
                QUALIFICATION_LIST.QUALIFICATION_CODE
        AND (QUALIFICATION_NAME = '会計士' OR
            QUALIFICATION_NAME = '簿記'))
```

出力

PID	NAME	AGE	SEXID	DIVISION_ID
0001	赤岩　圭吾	23	0	1000
0005	坂田　圭吾	44	0	1000
1000	清水　さおり	21	1	1000
1002	津田　あかね	22	1	1000

実践問題 22	副問い合わせ（ALL）
	STAFF_LIST（社員データ）の中で、STAFF_LIST2（社員データ 2）のどの社員よりも AGE（年齢）が高い社員を調べなさい。

結果

出力

PID	NAME	AGE	SEXID	DIVISION_ID
0002	岩下　つとむ	35	0	1001
0005	坂田　圭吾	44	0	1000

ヒント

　限定述語を用いた副問い合わせ問題です。限定述語には ALL、SOME、ANY があります。ここでは、「どの（すべての）社員よりも AGE（年齢）が高い社員」を調べるわけですから、「すべての」を意味する ALL を限定述語として使います。限定述語を用いた問い合わせは基本的には比較による問い合わせと同じような記述となりますが、副問い合わせの結果が複数の行であってもよいということが異なります。

解答

入力

```
SELECT * FROM STAFF_LIST
WHERE AGE > ALL
  (SELECT AGE FROM STAFF_LIST2)
```

練習問題 7-40	STAFF_LIST（社員データ）の中で、STAFF_LIST2（社員データ 2）のどの社員よりも AGE（年齢）が低い社員を調べなさい。

☞ 解答は 159 ページ

練習問題 7-41	STAFF_LIST（社員データ）の中で、STAFF_LIST2（社員データ 2）のどの社員とも所属（DIVISION_ID（所属コード））が異なる社員を調べなさい。

☞ 解答は 159 ページ

列名一覧

SQL トレーナーでは、ウィンドウ左側のテーブル名をクリックして表を選択すると、表に含まれる列名の一覧が「列名一覧」に表示されます。

図：表に含まれる列名の一覧

解答 練習問題 7-39

入力
```
SELECT ORDER_NO, PRODUCT_NAME, QUANTITY
FROM ORDER_LIST, PRODUCT_LIST
WHERE ORDER_LIST.PRODUCT_CODE = PRODUCT_LIST.PRODUCT_CODE
  AND CUSTOMER_CODE IN
      (SELECT CUSTOMER_CODE FROM  CUSTOMER_LIST
        WHERE CUSTOMER_NAME = ' △△電気 '
          OR CUSTOMER_NAME = ' ○○有限会社 ')
```

出力

ORDER_NO	PRODUCT_NAME	QUANTITY
1	コーヒー	100
2	サイフォン	50
3	コーヒーメーカー	80
6	サイフォン	150

実践問題 23	副問い合わせ（SOME と ANY） STAFF_LIST（社員データ）の中で、STAFF_LIST2（社員データ 2）の社員のいずれかの社員と AGE（年齢）が同じ社員を調べなさい。

結果

出力

PID	NAME	AGE	SEXID	DIVISION_ID
0001	赤岩　圭吾	23	0	1000
1003	深町　智子	20	1	1002

ヒント

　限定述語を用いた副問い合わせ問題です。実践問題 22 では ALL を使いましたが、こちらは SOME または ANY を使います。なお、SOME と ANY はどちらも同じ「いずれかの」という意味で、どちらを使ってもかまいません。SOME あるいは ANY を用いれば、副問い合わせ結果のどれか 1 つに対して条件を満たす行を調べることができます。

解答

入力
```
SELECT * FROM STAFF_LIST
WHERE AGE = SOME
  (SELECT AGE FROM STAFF_LIST2)
```

または、

入力
```
SELECT * FROM STAFF_LIST
WHERE AGE = ANY
  (SELECT AGE FROM STAFF_LIST2)
```

練習問題 7-42	STAFF_LIST（社員データ）の中で、STAFF_LIST2（社員データ 2）のいずれかの社員と所属（DIVISION_ID（所属コード））が同じ社員を調べなさい。

☛ 解答は 159 ページ

24

副問い合わせ（EXISTS）

PRODUCT_LIST（商品データ）から、ORDER_LIST（受注データ）に含まれる商品を調べなさい。

結果

出力

PRODUCT_CODE	PRODUCT_NAME	PRICE	PRODUCT_TYPE
1000	コーヒー	1000	食
2001	サイフォン	8900	器
3001	電気ポット	20000	電
3002	コーヒーメーカー	15000	電

ヒント

　EXISTS を用いた副問い合わせ問題です。EXISTS では、条件に一致する行が存在するかどうかだけを調べるので、副問い合わせにおいて特に列名を指定する必要はありません。このため、副問い合わせの中でアスタリスク（*）を使った列名の指定が許されています。

　EXISTS を用いた問い合わせでは、**相関副問い合わせ**と呼ばれる副問い合わせが利用されます。相関副問い合わせとは、通常の副問い合わせが、一方の表の問い合わせ結果を得てから主問い合わせを行うのに対し、主問い合わせの結果の 1 行ごとに副問い合わせを行います。このため、相関副問い合わせでは、表名に相関名をつけて主問い合わせの表の列を副問い合わせ中で参照します。以下は、相関副問い合わせの構文です。

EXISTS の書式

```
SELECT 列名リスト FROM 表名　相関名
WHERE [NOT] EXISTS (SELECT * FROM 表名 相関名
WHERE 相関名.列名 演算子 相関名.列名)
```

この問題の場合は副問い合わせを使わなくてもよいのですが、ここでは、副問い合わせを使って解答してください。

解答

入力
```
SELECT * FROM PRODUCT_LIST X
WHERE EXISTS
  (SELECT * FROM ORDER_LIST Y
   WHERE Y.PRODUCT_CODE = X.PRODUCT_CODE)
```

練習問題 7-43　PRODUCT_LIST（商品データ）から、ORDER_LIST（受注データ）に含まれない商品を調べなさい。

☛ 解答は 161 ページ

練習問題 7-44　QUALIFICATION_LIST（資格データ）から、社員がもつ（STAFF_QUALIFICATIONS（社員資格データ）に含まれる）「QUALIFICATION_NAME（資格名）」を調べなさい。

☛ 解答は 161 ページ

解答

解答 練習問題 7-40

入力
```
SELECT * FROM STAFF_LIST
WHERE AGE < ALL
    (SELECT AGE FROM STAFF_LIST2)
```

出力

PID	NAME	AGE	SEXID	DIVISION_ID

※練習問題 7-40 では該当するデータがありません。

解答 練習問題 7-41

入力
```
SELECT * FROM STAFF_LIST
WHERE DIVISION_ID <> ALL
    (SELECT DIVISION_ID FROM STAFF_LIST2)
```

出力

PID	NAME	AGE	SEXID	DIVISION_ID
0002	岩下　つとむ	35	0	1001
0003	上田　健二	22	0	1001
1001	田中　真弓	26	1	1001

解答 練習問題 7-42

入力
```
SELECT * FROM STAFF_LIST
WHERE DIVISION_ID = SOME
    (SELECT DIVISION_ID FROM STAFF_LIST2)
```

または、

入力
```
SELECT * FROM STAFF_LIST
WHERE DIVISION_ID = ANY
    (SELECT DIVISION_ID FROM STAFF_LIST2)
```

出力

PID	NAME	AGE	SEXID	DIVISION_ID
0001	赤岩　圭吾	23	0	1000
0004	木下　順平	25	0	1002
0005	坂田　圭吾	44	0	1000
0006	野村　伸治	28	0	1002
1000	清水　さおり	21	1	1000
1002	津田　あかね	22	1	1000
1003	深町　智子	20	1	1002

実践問題 25	射影と定数
	STAFF_LIST（社員データ）を用いて、"××さんの AGE（年齢）は○△才です."と出力しなさい。なお、××には「NAME（氏名）」が、○△には「AGE（年齢）」が入るものとします。

結果

出力

NAME	F_1	AGE	F_2
赤岩　圭吾	さんの年齢は	23	才です.
岩下　つとむ	さんの年齢は	35	才です.
上田　健二	さんの年齢は	22	才です.
木下　順平	さんの年齢は	25	才です.
坂田　圭吾	さんの年齢は	44	才です.
野村　伸治	さんの年齢は	28	才です.
清水　さおり	さんの年齢は	21	才です.
田中　真弓	さんの年齢は	26	才です.
津田　あかね	さんの年齢は	22	才です.
深町　智子	さんの年齢は	20	才です.

ヒント

　SELECT 文では、列名のかわりにシングルクオート（'）で囲まれた文字列を指定することで、指定した文字列をそのまま出力することができます。また、数値を指定すれば、指定した数値をそのまま出力することができます。このように、SELECT 文では列名と共に文字列や数値などの定数を指定することができます。実践問題 25 では、定数を利用して"さんの年齢は"と"才です."という文字列を出力します。

解答

入力
```
SELECT NAME, 'さんの年齢は', AGE, '才です. '
FROM STAFF_LIST
```

練習問題 7-45	STAFF_LIST（社員データ）と DIVISION_LIST（所属データ）を用いて、"××さんの所属は○△です."と出力しなさい。なお、××には「NAME（氏名）」、○△は「DIVISION_NAME（部署名）」が入るものとします。

☞ 解答は 162 ページ

練習問題 7-46	ORDER_LIST（受注データ）／ PRODUCT_LIST（商品データ）／ CUSTOMER_LIST（顧客データ）を用いて、"××から○○を△△個受注しています."と出力しなさい。なお、××には「CUSTOMER_NAME（顧客名）」、○○には「PRODUCT_NAME（商品名）」、△△には「QUANTITY（個数）」が入るものとします。

☞ 解答は 162 ページ

解 答

解答 練習問題 7-43

入力
```
SELECT * FROM PRODUCT_LIST X
WHERE NOT EXISTS
(SELECT * FROM ORDER_LIST Y
 WHERE Y.PRODUCT_CODE = X.PRODUCT_CODE)
```

出力

PRODUCT_CODE	PRODUCT_NAME	PRICE	PRODUCT_TYPE
1001	紅茶	1500	食
2000	ポット	3400	器

解答 練習問題 7-44

入力
```
SELECT QUALIFICATION_NAME FROM  QUALIFICATION_LIST X
WHERE EXISTS
(SELECT * FROM  STAFF_QUALIFICATIONS Y
 WHERE Y.QUALIFICATION_CODE = X.QUALIFICATION_CODE)
```

出力

QUALIFICATION_NAME
会計士
簿記
普通免許
英検 1 級
情報処理 2 種

解答 **練習問題 7-45**

入力
```
SELECT NAME, 'さんの所属は', DIVISION_NAME, 'です. '
FROM STAFF_LIST, DIVISION_LIST
WHERE  STAFF_LIST.DIVISION_ID = DIVISION_LIST.DIVISION_ID
```

出力

NAME	F_1	DIVISION_NAME	F_2
赤岩　圭吾	さんの所属は	経理部	です.
岩下　つとむ	さんの所属は	人事部	です.
上田　健二	さんの所属は	人事部	です.
木下　順平	さんの所属は	営業部	です.
坂田　圭吾	さんの所属は	経理部	です.
野村　伸治	さんの所属は	営業部	です.
清水　さおり	さんの所属は	経理部	です.
田中　真弓	さんの所属は	人事部	です.
津田　あかね	さんの所属は	経理部	です.
深町　智子	さんの所属は	営業部	です.

解答 **練習問題 7-46**

入力
```
SELECT CUSTOMER_NAME, 'から', PRODUCT_NAME, 'を',
QUANTITY, '個受注しています. '
FROM ORDER_LIST, PRODUCT_LIST, CUSTOMER_LIST
WHERE ORDER_LIST.PRODUCT_CODE = PRODUCT_LIST.PRODUCT_CODE
AND ORDER_LIST.CUSTOMER_CODE = CUSTOMER_LIST.CUSTOMER_CODE
```

出力

CUSTOMER_NAME	F_1	PRODUCT_NAME	F_2	QUANTITY	F_3
△△電気	から	コーヒー	を	100	個受注しています.
○○有限会社	から	サイフォン	を	50	個受注しています.
△△電気	から	コーヒーメーカー	を	80	個受注しています.
○×商事	から	電気ポット	を	25	個受注しています.
○×商事	から	コーヒー	を	1000	個受注しています.
○○有限会社	から	サイフォン	を	150	個受注しています.

<table>
<tr><td>実践問題
26</td><td>**射影と算術演算式**
ORDER_LIST（受注データ）と PRODUCT_LIST（商品デー
タ）から、「ORDER_NO（受注番号）」「PRODUCT_NAME
（商品名）」「PRICE（価格）」「QUANTITY（個数）」「PRICE
（価格）× QUANTITY（個数）」を調べなさい。</td></tr>
</table>

結果

出力

ORDER_NO	PRODUCT_NAME	PRICE	QUANTITY	MULTIPLY
1	コーヒー	1000	100	100000
2	サイフォン	8900	50	445000
3	コーヒーメーカー	15000	80	1200000
4	電気ポット	20000	25	500000
5	コーヒー	1000	1000	1000000
6	サイフォン	8900	150	1335000

ヒント

　SELECT 文では、実践問題 25 のように定数をそのまま出力するだけでなく、算術演算式を使った計算結果の出力も可能です。算術演算式の中で定数または列名を指定することができ、「列×定数」や「列＋列」などの値を計算して出力することができます。実践問題 26 では、PRICE（価格）×QUANTITY（個数）を調べるために算術演算式を用います。

解答

入力
```
SELECT ORDER_NO, PRODUCT_NAME, PRICE,
       QUANTITY, PRICE*QUANTITY
FROM ORDER_LIST, PRODUCT_LIST
WHERE ORDER_LIST.PRODUCT_CODE =
       PRODUCT_LIST.PRODUCT_CODE
```

練習問題 7-47
PRODUCT_LIST（商品データ）から、「PRODUCT_CODE（商品コード）」「PRODUCT_NAME（商品名）」「PRICE（価格）」と 1 ダースあたりの価格を調べなさい。

☛ 解答は 164 ページ

リストボックスを利用した SQL の入力

SQL トレーナーでは、ウィンドウ左側に用意された「SQL 一覧」「データベース名」
「フィールド一覧」のリストボックスから、SELECT などの SQL や表名をダブルクリックすることで SQL や表名を入力できます。主な SQL は、左上のリストボックスに用意されています。表名（データベース名）や列名（フィールド名）もリストボックスから選択できますので、簡単な SQL 文ならこれらを利用するだけで入力することができます。

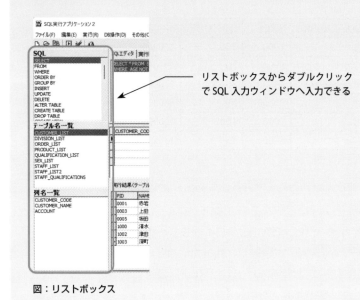

リストボックスからダブルクリックで SQL 入力ウィンドウへ入力できる

図：リストボックス

解答　練習問題 7-47

入力
```
SELECT PRODUCT_CODE, PRODUCT_NAME, PRICE, PRICE*12
FROM PRODUCT_LIST
```

出力

PRODUCT_CODE	PRODUCT_NAME	PRICE	MULTIPLY
1000	コーヒー	1000	12000
1001	紅茶	1500	18000
2000	ポット	3400	40800
2001	サイフォン	8900	106800
3001	電気ポット	20000	240000
3002	コーヒーメーカー	15000	180000

実践問題 27

列名の変更

ORDER_LIST（受注データ）と PRODUCT_LIST（商品データ）から、「ORDER_NO（受注番号）」「PRODUCT_NAME（商品名）」「PRICE（価格）」「QUANTITY（個数）」と総額を調べなさい。なお、総額は PRICE（価格）× QUANTITY（個数）とし、列名に「TOTAL」とつけなさい。

結果

出力

ORDER_NO	PRODUCT_NAME	PRICE	QUANTITY	TOTAL
1	コーヒー	1000	100	100000
2	サイフォン	8900	50	445000
3	コーヒーメーカー	15000	80	1200000
4	電気ポット	20000	25	500000
5	コーヒー	1000	1000	1000000
6	サイフォン	8900	150	1335000

ヒント

SELECT 文で列名を付け直すには AS を用います。AS を用いることで列名を任意の名前に変更することができます。実践問題 27 では、AS を用いて PRICE（価格）× QUANTITY（個数）の列名を「TOTAL」に付け直します。

解答

入力
```
SELECT ORDER_NO, PRODUCT_NAME, PRICE,
       QUANTITY, PRICE*QUANTITY AS "TOTAL"
FROM ORDER_LIST, PRODUCT_LIST
WHERE ORDER_LIST.PRODUCT_CODE =
      PRODUCT_LIST.PRODUCT_CODE
```

練習問題 7-48

PRODUCT_LIST（商品データ）から、1 ダースあたりの価格を調べ「PRODUCT_CODE（商品コード）」「PRODUCT_NAME（商品名）」「PRICE（価格）」「出荷価格」「出荷単位」からなる表を求めなさい。なお、出荷価格は 1 ダースあたりの価格とし、出荷単位には文字列 "@ ダース" を出力します。

☞ 解答は 168 ページ

<table>
<tr><td>実践問題
28</td><td>**グループ化 #1**
**ORDER_LIST（受注データ）／ CUSTOMER_LIST（顧客デー
タ）／ PRODUCT_LIST（商品データ）から、「CUS
TOMER_NAME（顧客名）」と顧客ごとの合計受注価格を
調べなさい。**</td></tr>
</table>

結果

出力

顧客名	合計受注価格
○×商事	1500000
○○有限会社	1780000
△△電気	1300000

ヒント

　SELECT 文では GROUP BY 句を用いて結果をグループ化することができます。GROUP BY 句を用いてグループ化を行うには、GROUP BY に続けてグループ化する列名を指定します。なお、グループ化を行う場合、SELECT句で指定する列名は、グループごとに 1 つの値をもつものを指定しなければなりません。わかりやすくいえば、グループ化を行う場合には SELECTに続く列名として、グループ化を行う列名と SUM や AVG などの集合関数しか用いることができません。

　また、結果の列名にも注意して解答を考えてください。

解答

入力
```
SELECT CUSTOMER_NAME AS "顧客名",
       SUM(QUANTITY*PRICE) AS "合計受注価格"
FROM ORDER_LIST, CUSTOMER_LIST, PRODUCT_LIST
WHERE ORDER_LIST.CUSTOMER_CODE =
       CUSTOMER_LIST.CUSTOMER_CODE
   AND ORDER_LIST.PRODUCT_CODE =
        PRODUCT_LIST.PRODUCT_CODE
GROUP BY CUSTOMER_NAME
```

練習問題 7-49　STAFF_LIST（社員データ）と SEX_LIST（性別データ）から、男性社員の人数と女性社員の人数を調べなさい。

☞ 解答は 168 ページ

練習問題 7-50　ORDER_LIST（受注データ）／ CUSTOMER_LIST（顧客データ）／ PRODUCT_LIST（商品データ）から、「CUSTOMER_NAME（顧客名）」と顧客ごとの平均受注額を調べなさい。

☞ 解答は 169 ページ

練習問題 7-51　STAFF_LIST（社員データ）と SEX_LIST（性別データ）から、男女の平均年齢をそれぞれ調べなさい。

☞ 解答は 169 ページ

練習問題 7-52　STAFF_LIST（社員データ）／ STAFF_QUALIFICATIONS（社員資格データ）／ DIVISION_LIST（所属データ）から、「DIVISION_NAME（部署名）」と部署ごとの「総資格数」を調べなさい。

☞ 解答は 169 ページ

解答 **練習問題 7-48**

入力
```
SELECT PRODUCT_CODE, PRODUCT_NAME, PRICE,
        PRICE * 12 AS "出荷価格", '@ダース' AS "出荷単位"
FROM PRODUCT_LIST
```

出力

PRODUCT_CODE	PRODUCT_NAME	PRICE	出荷価格	出荷単位
1000	コーヒー	1000	12000	@ダース
1001	紅茶	1500	18000	@ダース
2000	ポット	3400	40800	@ダース
2001	サイフォン	8900	106800	@ダース
3001	電気ポット	20000	240000	@ダース
3002	コーヒーメーカー	15000	180000	@ダース

解答 **練習問題 7-49**

入力
```
SELECT SEX, COUNT(*) FROM STAFF_LIST, SEX_LIST
WHERE STAFF_LIST.SEXID = SEX_LIST.SEXID
GROUP BY SEX
```

出力

SEX	COUNT
女	4
男	6

解　答

解答 練習問題 **7-50**

入力
```
SELECT CUSTOMER_NAME, AVG(PRICE*QUANTITY) AS " 平均受注額 "
FROM ORDER_LIST, CUSTOMER_LIST, PRODUCT_LIST
WHERE ORDER_LIST.CUSTOMER_CODE = CUSTOMER_LIST.CUSTOMER_CODE
  AND ORDER_LIST.PRODUCT_CODE = PRODUCT_LIST.PRODUCT_CODE
GROUP BY CUSTOMER_NAME
```

出力

CUSTOMER_NAME	平均受注額
○×商事	750000
○○有限会社	890000
△△電気	650000

解答 練習問題 **7-51**

入力
```
SELECT SEX, AVG(AGE) AS " 平均年齢 "
FROM STAFF_LIST, SEX_LIST
WHERE STAFF_LIST.SEXID = SEX_LIST.SEXID
GROUP BY SEX
```

出力

SEX	平均年齢
女	22
男	29

解答 練習問題 **7-52**

入力
```
SELECT DIVISION_NAME, COUNT(*) AS " 資格総数 "
FROM STAFF_LIST,  STAFF_QUALIFICATIONS,  DIVISION_LIST
WHERE STAFF_LIST.DIVISION_ID = DIVISION_LIST.DIVISION_ID
  AND STAFF_LIST.PID = STAFF_QUALIFICATIONS.PID
GROUP BY DIVISION_NAME
```

出力

DIVISION_NAME	資格総数
営業部	5
経理部	7
人事部	3

実践問題

29

グループ化 #2

STAFF_LIST（社員データ）／ STAFF_QUALIFICATIONS（社員資格データ）／ DIVISION_LIST（所属データ）から、部署ごとの総資格数が 5 つ以上の「DIVISION_NAME（部署名）」と「総資格数」を調べなさい。

結果

出力

DIVISION_NAME	総資格数
営業部	5
経理部	7

ヒント

　GROUP BY 句でグループ化した表（行の集合）の絞り込みに使うのが HAVING 句です。グループ化した表に対する検索条件を HAVING 句で指定します。HAVING 句を用いることで、グループ化した表の中から条件に一致する行を取り出すことができます。HAVING 句は WHERE 句と異なり、グループ化された結果から特定の条件を満たすものを選択するためだけに利用されます。

解答

入力
```
SELECT DIVISION_NAME, COUNT(*) AS "総資格数"
FROM STAFF_LIST, STAFF_QUALIFICATIONS,
     DIVISION_LIST
WHERE STAFF_LIST.DIVISION_ID =
        DIVISION_LIST.DIVISION_ID
  AND STAFF_LIST.PID = STAFF_QUALIFICATIONS.PID
GROUP BY DIVISION_NAME
HAVING COUNT(*) >= 5
```

練習問題 7-53　ORDER_LIST（受注データ）／ CUSTOMER_LIST（顧客データ）／ PRODUCT_LIST（商品データ）から、受注額の合計が ¥1,500,000 以上の顧客の「CUSTOMER_NAME（顧客名）」と合計受注額を調べなさい。

☞ 解答は 172 ページ

実践問題

30

ソート

STAFF_LIST（社員データ）から、「PID（社員番号）」「NAME（氏名）」「AGE（年齢）」を取り出して AGE（年齢）順（若い順）に並べ替えなさい。

結果

出力

PID	NAME	AGE
1003	深町　智子	20
1000	清水　さおり	21
1002	津田　あかね	22
0003	上田　健二	22
0001	赤岩　圭吾	23
0004	木下　順平	25
1001	田中　真弓	26
0006	野村　伸治	28
0002	岩下　つとむ	35
0005	坂田　圭吾	44

ヒント

ORDER BY 句を用いて、表をある特定の順序でソートできます。ORDER BY 句では、ORDER BY に続けて列名を指定します。指定した列名の値で表がソートされます。また、ORDER BY　列名 {ASC ｜ DESC} と指定することで、データを昇順（ASC）または降順（DESC）に並べ替えることができます。なお、ASC も DESC も指定しない場合、デフォルトで昇順になります。

例）STAFF_LIST2（社員データ 2）を「PID（社員番号）」の大きい順（降順）に並べる例

入力
```
SELECT * FROM STAFF_LIST2
ORDER BY PID DESC
```

出力

PID	NAME	AGE	SEXID	DIVISION_ID
1004	瀧口　美香	20	1	1000
0008	東野　雅晴	32	0	1002
0007	山田　浩次	23	0	1000

解答

> **入力**　SELECT PID, NAME, AGE FROM STAFF_LIST
> 　　　　ORDER BY AGE

または、

> **入力**　SELECT PID, NAME, AGE FROM STAFF_LIST
> 　　　　ORDER BY AGE ASC

練習問題 7-54　STAFF_LIST（社員データ）と STAFF_LIST2（社員データ 2）
から 1 つの社員名簿を求め、NAME（氏名）順（昇順）に
並べ替えなさい。

☛ 解答は 176 ページ

練習問題 7-55　PRODUCT_LIST（商品データ）を PRICE（価格）の安い順
に並べ替えなさい。

☛ 解答は 177 ページ

· ·

解答　練習問題 7-53

> **入力**　SELECT CUSTOMER_NAME, SUM(QUANTITY*PRICE) AS " 合計受注額 "
> 　　　　FROM ORDER_LIST, CUSTOMER_LIST, PRODUCT_LIST
> 　　　　WHERE ORDER_LIST.CUSTOMER_CODE = CUSTOMER_LIST.CUSTOMER_CODE
> 　　　　　AND ORDER_LIST.PRODUCT_CODE = PRODUCT_LIST.PRODUCT_CODE
> 　　　　GROUP BY CUSTOMER_NAME
> 　　　　HAVING SUM(QUANTITY*PRICE) >= 1500000

> **出力**
>
> | CUSTOMER_NAME | 合計受注額 |
> |---|---|
> | ○×商事 | 1500000 |
> | ○○有限会社 | 1780000 |

実践問題

31

ビューの作成

ORDER_LIST（受注データ）／ **PRODUCT_LIST**（商品データ）／ **CUSTOMER_LIST**（顧客データ）から、「**CUSTOMER_NAME**（顧客名）」「**PRODUCT_NAME**（商品名）」「**PRICE**（価格）」「**QUANTITY**（個数）」「**TOTAL**（総額）」からなるビュー（**VIEW**）「**ORDER_SUMMARY**（注文まとめ）」を作成しなさい。なお、総額は価格×個数とします。

結果

SQL トレーナーに「SQL を実行しました」と表示されます。次の SQL 文を実行して、ビュー「ORDER_SUMMARY（注文まとめ）」が作成されていることを確認してください。なお、SELECT 文での問い合わせの前に、COMMIT 文によりビューの作成を完了させておかなければなりません（COMMIT 文を実行した後に、SELECT 文を実行します）。

入力1　`COMMIT`
入力2　`SELECT * FROM ORDER_SUMMARY`

出力

CUSTOMER_NAME	PRODUCT_NAME	PRICE	QUANTITY	TOTAL
△△電気	コーヒー	1000	100	100000
○○有限会社	サイフォン	8900	50	445000
△△電気	コーヒーメーカー	15000	80	1200000
○×商事	電気ポット	20000	25	500000
○×商事	コーヒー	1000	1000	1000000
○○有限会社	サイフォン	8900	150	1335000

ヒント

ビューを作成するには、CREATE VIEW 文を利用します。CREATE VIEW 文は AS 節に続く SELECT 文で指定された問い合わせ結果からなるビューを作成します。SELECT 文で、問い合わせを行う方法は、これまでの実践演習でたくさんやってきたものと同じです。

SQL トレーナーを使ってビューの作成を行う場合は、まず、SELECT 文のみで正しく結果が表示されるか確認して、結果が正しくなってから、

CREATE VIEW を手前につけてビューを作成するようにすれば、結果を確認しながらビューの作成ができます。

解答

```
入力  CREATE VIEW ORDER_SUMMARY (CUSTOMER_NAME,
                    PRODUCT_NAME, PRICE,
                    QUANTITY, TOTAL)
      AS SELECT CUSTOMER_NAME, PRODUCT_NAME,
                PRICE, QUANTITY, PRICE*QUANTITY
        FROM ORDER_LIST, PRODUCT_LIST,
            CUSTOMER_LIST
        WHERE ORDER_LIST.CUSTOMER_CODE =
                CUSTOMER_LIST.CUSTOMER_CODE
          AND ORDER_LIST.PRODUCT_CODE =
                PRODUCT_LIST.PRODUCT_CODE
```

| 練習問題 7-56 | STAFF_LIST（社員データ）から、NAME（名前）と AGE（年齢）からなるビュー（VIEW）「STAFF_AGE（社員の年齢）」を作成しなさい。 |

☞ 解答は 177 ページ

実践問題 32

ビューの削除
実践問題 31 で作成したビュー ORDER_SUMMARY（注文まとめ）を削除しなさい。

結果

　SQL トレーナーに「SQL を実行しました」と表示されます。また、次の SQL 文を実行すると「テーブルが存在しません・・・」※という内容のエラーが表示されます。

> ※実際には「Dynamic SQL Error...」ですが、詳しく見ていくと Table unknown（テーブルが存在しない）であることがわかると思います。

　入力　　SELECT * FROM ORDER_SUMMARY

ヒント

　ビューの削除には DROP VIEW 文を利用します。

解答

　入力　　DROP VIEW ORDER_SUMMARY

練習問題 7-57　　演習問題 7-56 で作成した、ビュー「STAFF_AGE（社員の年齢)」を削除しなさい。

☞ 解答は 178 ページ

解答 練習問題 7-54

入力
```
SELECT * FROM
  (SELECT * FROM STAFF_LIST
   UNION
   SELECT * FROM STAFF_LIST2)
ORDER BY NAME
```

または

入力
```
SELECT * FROM
  (SELECT * FROM STAFF_LIST
   UNION
   SELECT * FROM STAFF_LIST2)
ORDER BY NAME ASC
```

出力

PID	NAME	AGE	SEXID	DIVISION_ID
0002	岩下　つとむ	35	0	1001
0005	坂田　圭吾	44	0	1000
0007	山田　浩次	23	0	1000
0003	上田　健二	22	0	1001
1003	深町　智子	20	1	1002
1000	清水　さおり	21	1	1000
0001	赤岩　圭吾	23	0	1000
1004	瀧口　美香	20	1	1000
1002	津田　あかね	22	1	1000
1001	田中　真弓	26	1	1001
0008	東野　雅晴	32	0	1002
0004	木下　順平	25	0	1002
0006	野村　伸治	28	0	1002

※ 練習問題のデータベース（STAFF_LIST（社員データ））には、NAME（氏名）の「よみがな」がないため、ソート結果は漢字コードの並び順になってしまいます。

解答 練習問題 7-55

入力
```
SELECT * FROM PRODUCT_LIST
ORDER BY PRICE
```

または

入力
```
SELCT * FROM PRODUCT_LIST
ORDER BY PRICE ASC
```

出力

PRODUCT_CODE	PRODUCT_NAME	PRICE	PRODUCT_TYPE
1000	コーヒー	1000	食
1001	紅茶	1500	食
2000	ポット	3400	器
2001	サイフォン	8900	器
3002	コーヒーメーカー	15000	電
3001	電気ポット	20000	電

解答 練習問題 7-56

入力
```
CREATE VIEW STAFF_AGE
AS SELECT NAME, AGE FROM STAFF_LIST
```

次の文を入力すると、実行結果（テーブル表示）タブに、作成したビューが表示されます（SELECT 文の実行前に COMMIT 文を実行してください）。

入力1
```
COMMIT
```
入力2
```
SELECT * FROM STAFF_AGE
```

出力

NAME	AGE
赤岩　圭吾	23
岩下　つとむ	35
上田　健二	22
木下　順平	25
坂田　圭吾	44
野村　伸治	28
清水　さおり	21
田中　真弓	26
津田　あかね	22
深町　智子	20

解答 | **練習問題 7-57**

入力　DROP VIEW STAFF_AGE

履歴からの SQL 文の実行

SQL トレーナーでは履歴から直接 SQL 文を実行する機能を備えています。SQL 文の実行方法としては、次の 2 通りの方法があります。

(1) 実行したい SQL 文を選択して実行
　　（選択された範囲の SQL 文が実行されます。）
(2) 実行したい SQL 文の上にカーソルを移動させて実行
　　（「----」から「----」で囲まれた、SQL 文が自動的に選択され、実行されます。）

なお、履歴も編集して変更することができます。したがって、履歴をちょっと修正して SQL 文を実行させることが可能です。ただし、履歴では補完機能が効きませんので注意してください。

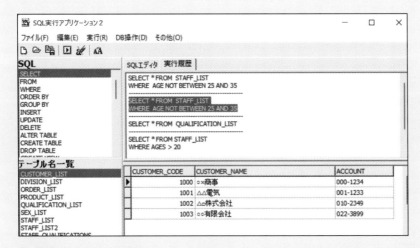

図：履歴からの SQL 文の実行

8

SQL 実践演習～その３～

──データ挿入と更新・削除／トランザクション

実践問題 1

1 行の挿入

STAFF_LIST（社員データ）に、PID（社員番号）が「0007」、NAME（氏名）が「手塚　宏」、AGE（年齢）が「28」、SEXID（性別コード）が「0」、DIVISION_ID（所属コード）が「1002」の社員を追加しなさい。

この演習問題を行う前に、必ずメニューから［DB 操作（D）｜データベースの初期化］を実行してください。データベースの初期化を行わずに SQL 文を実行した場合、実行結果が下の表と異なることがありますので注意してください。

結果

　SQL トレーナーに「SQL を実行しました」と表示されます。なお、次の SQL 文を実行することで、STAFF_LIST（社員データ）が更新され「手塚　宏」の行が追加されていることを確認できます※。

※ SQL トレーナーでは、テーブル名一覧を再クリックすることで、更新された社員データを表示させることもできます。

入力　SELECT * FROM STAFF_LIST

出力

PID	NAME	AGE	SEXID	DIVISION_ID
0001	赤岩　圭吾	23	0	1000
0002	岩下　つとむ	35	0	1001
0003	上田　健二	22	0	1001
0004	木下　順平	25	0	1002
0005	坂田　圭吾	44	0	1000
0006	野村　伸治	28	0	1002
1000	清水　さおり	21	1	1000
1001	田中　真弓	26	1	1001
1002	津田　あかね	22	1	1000
1003	深町　智子	20	1	1002
0007	手塚　宏	28	0	1002

ヒント

　表に 1 行分のデータを追加するには INSERT INTO 〜 VALUES 〜を用います。なお、INSERT INTO に続く表名のあとに特定の列名を括弧でくくって指定することで、特定の列の値だけを更新することも可能です。

解答

入力
```
INSERT INTO STAFF_LIST
VALUES ('0007', '手塚　宏', 28, 0, '1002')
```

または、

入力
```
INSERT INTO STAFF_LIST(PID, NAME, AGE,
SEXID, DIVISION_ID)
VALUES ('0007', '手塚　宏', 28, 0, '1002')
```

練習問題 8-1 DIVISION_LIST（所属データ）に、DIVISION_ID（所属コード）「1003」、DIVISION_NAME（部署名）「総務部」を追加しなさい。

☞ 解答は 182 ページ

練習問題 8-2 QUALIFICATION_LIST（資格データ）に、QUALIFICATION_CODE（資格コード）「23」、QUALIFICATION_NAME（資格名）「英検 2 級」を追加しなさい。

☞ 解答は 182 ページ

解答 **練習問題 8-1**

入力
```
INSERT INTO DIVISION_LIST
    VALUES ('1003', '総務部')
```

または、

入力
```
INSERT INTO DIVISION_LIST(DIVISION_ID, DIVISION_NAME)
    VALUES ('1003', '総務部')
```

次の SQL 文で、実行結果を確認できます。なお、SQL トレーナーでは、テーブル名一覧を再クリックすることで、更新された DIVISION_LIST（所属データ）を表示させることもできます。

入力
```
SELECT * FROM DIVISION_LIST
```

出力

DIVISION_ID	DIVISION_NAME
1000	経理部
1001	人事部
1002	営業部
1003	総務部

解答 **練習問題 8-2**

入力
```
INSERT INTO QUALIFICATION_LIST
    VALUES ('23', '英検 2 級')
```

または、

入力
```
INSERT INTO QUALIFICATION_LIST(QUALIFICATION_CODE,
        QUALIFICATION_NAME)
    VALUES ('23', '英検 2 級')
```

次の SQL 文で、実行結果を確認できます。なお、SQL トレーナーでは、テーブル名一覧を再クリックすることで、更新された QUALIFICATION_LIST（資格データ）を表示させることもできます。

入力
```
SELECT * FROM QUALIFICATION_LIST
```

出力

QUALIFICATION_CODE	QUALIFICATION_NAME
10	会計士
11	簿記
20	普通免許
21	英検 1 級
22	情報処理 2 種
23	英検 2 級

実践問題 **2**

複数行の挿入

**STAFF_LIST（社員データ）に、STAFF_LIST2（社員デー
タ2）を追加挿入しなさい。**

この演習問題を行う前に、必ずメニューから［DB操作（D）｜データベー
スの初期化］を実行してください。データベースの初期化を行わずに
SQL文を実行した場合、実行結果が下の表と異なることがありますの
で注意してください。

結果

次のSQL文を実行することで、STAFF_LIST（社員データ）にSTAFF_
LIST2（社員データ2）が追加されていることを確認できます※。

※ SQLトレーナーで
は、テーブル名一覧を
再クリックすることで、
更新された社員データ
を表示させることもで
きます。

入力　SELECT * FROM STAFF_LIST

出力

PID	NAME	AGE	SEXID	DIVISION_ID
0001	赤岩　圭吾	23	0	1000
0002	岩下　つとむ	35	0	1001
0003	上田　健二	22	0	1001
0004	木下　順平	25	0	1002
0005	坂田　圭吾	44	0	1000
0006	野村　伸治	28	0	1002
1000	清水　さおり	21	1	1000
1001	田中　真弓	26	1	1001
1002	津田　あかね	22	1	1000
1003	深町　智子	20	1	1002
0007	山田　浩次	23	0	1000
0008	東野　雅晴	32	0	1002
1004	瀧口　美香	20	1	1000

ヒント

　表に対してまとまったデータの追加を行うには、INSERT INTO ～
SELECT ～を用います。なお、INSERT 文の中の SELECT 文でも WHERE 句
による条件設定を行うことができますので、条件に一致する表だけを挿入
することも可能です。

解答

入力　INSERT INTO STAFF_LIST
　　　　　SELECT * FROM STAFF_LIST2

練習問題 8-3　STAFF_LIST（社員データ）に、STAFF_LIST2（社員データ
2）の男性社員を挿入しなさい。なお、必要ならば SEX_
LIST（性別データ）を用いなさい。

☛ 解答は 187 ページ

実践問題 3

1行の更新
STAFF_LIST（社員データ）の「岩下　つとむ」社員の
NAME（氏名）を「岩下　努」に変更しなさい。

> **STOP**　この演習問題を行う前に、必ずメニューから［DB 操作（D）｜データベースの初期化］を実行してください。データベースの初期化を行わずにSQL 文を実行した場合、実行結果が下の表と異なることがありますので注意してください。

結果

　SQL トレーナーに「SQL を実行しました」と表示されます。なお、次のSQL 文を実行することで、STAFF_LIST（社員データ）が更新されていることを確認できます※。

※ SQL トレーナーでは、テーブル一覧を再クリックすることで、更新された社員データを表示させることもできます。

入力　SELECT * FROM STAFF_LIST

出力

PID	NAME	AGE	SEXID	DIVISION_ID
0001	赤岩　圭吾	23	0	1000
0002	岩下　努	35	0	1001
0003	上田　健二	22	0	1001
0004	木下　順平	25	0	1002
0005	坂田　圭吾	44	0	1000
0006	野村　伸治	28	0	1002
1000	清水　さおり	21	1	1000
1001	田中　真弓	26	1	1001
1002	津田　あかね	22	1	1000
1003	深町　智子	20	1	1002

185

ヒント

データの更新には UPDATE 文を利用します。UPDATE 文では、WHERE 句で指定された行に対して更新操作が行われます。更新を行いたい列は SET で指定します。SET により複数の列を指定すれば、複数の列の値を同時に更新することもできます。

解答

> 入力　　UPDATE STAFF_LIST
> 　　　　SET NAME = '岩下　努'
> 　　　　WHERE NAME = '岩下　つとむ'

練習問題 8-4	PRODUCT_LIST（商品データ）の PRODUCT_NAME（商品名）「電気ポット」の PRICE（価格）を ¥24,000 に変更しなさい。

☞ 解答は 188 ページ

練習問題 8-5	CUSTOMER_LIST（顧客データ）の CUSTOMER_NAME（顧客名）「○×商事」の ACCOUNT（口座番号）を 000-9882 に変更しなさい。

☞ 解答は 188 ページ

実行結果を保存したい
残念ながら、SQL トレーナーは実行結果を保存する機能を備えていません。かわりに実行結果（テキスト形式）のコピーしたい領域を選択して、[編集（E）｜コピー（C）]することで、実行結果中の選択された領域をクリップボードにコピーすることができますので、クリップボードにコピーした内容をメモ帳などのテキストエディタに貼り付けて保存してください。

解答 | **練習問題 8-3**

```
入力    INSERT INTO STAFF_LIST
        SELECT PID, NAME, AGE, STAFF_LIST2.SEXID, DIVISION_ID
        FROM STAFF_LIST2, SEX_LIST
        WHERE STAFF_LIST2.SEXID = SEX_LIST.SEXID
          AND SEX_LIST.SEX = '男'
```

または、

```
入力    INSERT INTO STAFF_LIST
        SELECT * FROM STAFF_LIST2
        WHERE SEXID = 0
```

なお、この練習問題を行う前に、メニューから［DB 操作（D）｜データベースの初期化］を選択しておく必要があります。データベースの初期化を行わずに SQL 文を実行した場合、実行結果が下の表と異なることがありますので注意してください。

次の SQL 文で、実行結果を確認できます。なお、SQL トレーナーでは、テーブル名一覧を再クリックすることで、更新された STAFF_LIST（社員データ）を表示させることもできます。

```
入力    SELECT * FROM STAFF_LIST
```

出力

PID	NAME	AGE	SEXID	DIVISION_ID
0001	赤岩　圭吾	23	0	1000
0002	岩下　つとむ	35	0	1001
0003	上田　健二	22	0	1001
0004	木下　順平	25	0	1002
0005	坂田　圭吾	44	0	1000
0006	野村　伸治	28	0	1002
1000	清水　さおり	21	1	1000
1001	田中　真弓	26	1	1001
1002	津田　あかね	22	1	1000
1003	深町　智子	20	1	1002
0007	山田　浩次	23	0	1000
0008	東野　雅晴	32	0	1002

解答　練習問題 8-4

入力
```
UPDATE PRODUCT_LIST
SET PRICE = 24000
WHERE PRODUCT_NAME = '電気ポット'
```

次の SQL 文で、実行結果を確認できます。なお、テーブル名一覧を再クリックすることで、更新された
PRODUCT_LIST（商品データ）を表示させることもできます。

入力
```
SELECT * FROM PRODUCT_LIST
```

出力

PRODUCT_CODE	PRODUCT_NAME	PRICE	PRODUCT_TYPE
1000	コーヒー	1000	食
1001	紅茶	1500	食
2000	ポット	3400	器
2001	サイフォン	8900	器
3001	電気ポット	24000	電
3002	コーヒーメーカー	15000	電

解答　練習問題 8-5

入力
```
UPDATE CUSTOMER_LIST
SET ACCOUNT = '000-9882'
WHERE CUSTOMER_NAME = '○×商事'
```

次の SQL 文で、実行結果を確認できます。なお、テーブル名一覧を再クリックすることで、更新された
CUSTOMER_LIST（顧客データ）を表示させることもできます。

入力
```
SELECT * FROM CUSTOMER_LIST
```

出力

CUSTOMER_CODE	CUSTOMER_NAME	ACCOUNT
1000	○×商事	000-9882
1001	△△電気	001-1233
1002	△□株式会社	010-2349
1003	○○有限会社	022-3899

実践問題 4

複数行の更新
STAFF_LIST（社員データ）の全社員の AGE（年齢）を 1 歳増やしなさい。

> この演習問題を行う前に、必ずメニューから [DB 操作（D）｜データベースの初期化] を実行してください。データベースの初期化を行わずに SQL 文を実行した場合、実行結果が下の表と異なることがありますので注意してください。

結果

SQL トレーナーに「SQL を実行しました」と表示されます。なお、次の SQL 文を実行することで STAFF_LIST（社員データ）のすべての社員の AGE（年齢）が 1 歳増えていることを確認できます※。

※ SQL トレーナーでは、テーブル名一覧を再クリックすることで、更新された社員データを表示させることもできます。

入力　SELECT * FROM STAFF_LIST

出力

PID	NAME	AGE	SEXID	DIVISION_ID
0001	赤岩　圭吾	24	0	1000
0002	岩下　つとむ	36	0	1001
0003	上田　健二	23	0	1001
0004	木下　順平	26	0	1002
0005	坂田　圭吾	45	0	1000
0006	野村　伸治	29	0	1002
1000	清水　さおり	22	1	1000
1001	田中　真弓	27	1	1001
1002	津田　あかね	23	1	1000
1003	深町　智子	21	1	1002

ヒント

　データの更新には UPDATE 文を利用します。UPDATE 文では、更新した
い列を SET で指定します。SET では算術演算式を用いた値の設定が可能で
す。この実践問題 4 では、AGE（年齢）を 1 プラスするという操作を行う
わけですから算術演算式を用いて「SET AGE = AGE +1」と記述します。

解答

入力
```
UPDATE STAFF_LIST
   SET AGE = AGE + 1
```

練習問題 8-6　PRODUCT_LIST（商品データ）の PRODUCT_TYPE（商品
区分）「食」の商品の PRICE（価格）を 10%値上げし、デー
タを更新しなさい。

☛ 解答は 192 ページ

入力した SQL 文の保存

入力した SQL 文を保存するには、[ファイル（F）] メニューから [上書き保存（S）]
または [名前をつけて保存（A）...] のどちらかを選択します。

図：保存ダイアログ

実践問題 5

1 行の削除
STAFF_LIST（社員データ）から、PID（社員番号）が「0002」の社員を削除しなさい。

STOP この演習問題を行う前に、必ずメニューから［DB 操作（D）｜データベースの初期化］を実行してください。データベースの初期化を行わずに SQL 文を実行した場合、実行結果が下の表と異なることがありますので注意してください。

結果

　SQL トレーナーに「SQL を実行しました」と表示されます。なお、次の SQL 文を実行することで、PID（社員番号）0002 の社員が STAFF_LIST（社員データ）から削除されていることを確認できます※。

※ SQL トレーナーでは、テーブル一覧を再クリックすることで、更新された社員データを表示させることもできます。

入力　SELECT * FROM STAFF_LIST

出力

PID	NAME	AGE	SEXID	DIVISION_ID
0001	赤岩　圭吾	23	0	1000
0003	上田　健二	22	0	1001
0004	木下　順平	25	0	1002
0005	坂田　圭吾	44	0	1000
0006	野村　伸治	28	0	1002
1000	清水　さおり	21	1	1000
1001	田中　真弓	26	1	1001
1002	津田　あかね	22	1	1000
1003	深町　智子	20	1	1002

NOTE　DELETE 文の練習問題は、DELETE を SELECT に置き換えることで削除対象となるデータを問い合わせることができます。これを利用して、DELETE を行う前に、SELECT 文により、削除対象のデータが正しいかどうかチェックしながら、演習問題を行ってください。事前に削除されるデータを確認することができます。

ヒント

　表から行を削除するには DELETE 文を利用します。DELETE 文により削除されるのは WHERE 句で指定された行です。なお、WHERE 句を省略した場合は表のすべての行が削除されます。

解答

> **入力**　DELETE FROM STAFF_LIST
> 　　　　WHERE PID = '0002'

練習問題 8-7　ORDER_LIST（受注データ）から ORDER_NO（受注番号）が「3」の受注を削除しなさい。

☞ 解答は 194 ページ

解答　練習問題 8-6

> **入力**　UPDATE PRODUCT_LIST
> 　　　　SET PRICE = PRICE * 1.1
> 　　　　WHERE PRODUCT_TYPE = ' 食 '

次の SQL 文で、実行結果を確認できます。なお、SQL トレーナーでは、テーブル一覧を再クリックすることで、更新された PRODUCT_LIST（商品データ）を表示させることもできます。

> **入力**　SELECT * FROM PRODUCT_LIST

出力

PRODUCT_CODE	PRODUCT_NAME	PRICE	PRODUCT_TYPE
1000	コーヒー	1100	食
1001	紅茶	1650	食
2000	ポット	3400	器
2001	サイフォン	8900	器
3001	電気ポット	20000	電
3002	コーヒーメーカー	15000	電

<table>
<tr><td>実践問題
6</td><td>**複数行の削除**
STAFF_LIST（社員データ）から、DIVISION_ID（所属コード）が「1000」の社員を削除しなさい。</td></tr>
</table>

 この演習問題を行う前に、必ずメニューから［DB操作（D）｜データベースの初期化］を実行してください。データベースの初期化を行わずにSQL文を実行した場合、実行結果が下の表と異なることがありますので注意してください。

結果

　SQLトレーナーに「SQLを実行しました」と表示されます。なお、次のSQL文を実行することで、DIVISION_ID（所属コード）1000の社員がSTAFF_LIST（社員データ）から削除されていることを確認できます※。

※ SQLトレーナーでは、テーブル一覧を再クリックすることで、更新された社員データを表示させることもできます。

入力　SELECT * FROM STAFF_LIST

出力

PID	NAME	AGE	SEXID	DIVISION_ID
0002	岩下　つとむ	35	0	1001
0003	上田　健二	22	0	1001
0004	木下　順平	25	0	1002
0006	野村　伸治	28	0	1002
1001	田中　真弓	26	1	1001
1003	深町　智子	20	1	1002

ヒント

　表から行を削除するにはDELETE文を利用します。DELETE文により削除されるのはWHERE句で指定された行です。WHERE句の条件に一致する行が複数ある場合は、条件に一致するすべての行が削除されます。

解答

入力
```
DELETE FROM STAFF_LIST
    WHERE DIVISION_ID = '1000'
```

練習問題 8-8
PRODUCT_LIST（商品データ）から、PRODUCT_NAME（商品名）に「コーヒー」が含まれる商品を削除しなさい。

☞ 解答は 197 ページ

練習問題 8-9
ORDER_LIST（受注データ）から、受注した CUSTOMER_NAME（顧客名）が「○×商事」の受注を削除しなさい。なお、必要なら CUSTOMER_LIST（顧客データ）を利用しなさい。

☞ 解答は 198 ページ

練習問題 8-10
STAFF_LIST（社員データ）から、SEXID（性別コード）が「0」（男）の社員を削除しなさい。

☞ 解答は 198 ページ

解答

解答　練習問題 8-7

入力
```
DELETE FROM ORDER_LIST
    WHERE ORDER_NO = '3'
```

次の SQL 文で、実行結果を確認できます。なお、SQL トレーナーでは、テーブル一覧を再クリックすることで、更新された ORDER_LIST（受注データ）を表示させることもできます。

入力
```
SELECT * FROM ORDER_LIST
```

出力

ORDER_NO	PRODUCT_CODE	QUANTITY	CUSTOMER_CODE
1	1000	100	1001
2	2001	50	1003
4	3001	25	1000
5	1000	1000	1000
6	2001	150	1003

実践問題 7

トランザクション # 1 : ロールバック
（この実践問題は演習になります。説明を読みながら動作
を確認してください）

> この演習問題を行う前に、必ずメニューから［DB 操作（D）｜データベースの初期化］を実行してください。データベースの初期化を行わずにSQL 文を実行した場合、実行結果が以降の説明と異なることがありますので注意してください。

説明

　実践問題 7 は、4-7 節で説明したトランザクションの動きを理解するための実践演習になります。このため、これまでの実践問題と違って問題と解答という形にはなっていません。説明を読み、SQL トレーナーで動作を確認しながらデータベースの動きを理解してください。

　実践問題 7 では、まず、トランザクションで行った処理の無効（ロールバック）を実際に動作させて確認してみます。

　まず、以下の SQL 文を実行してください。

入力　　SELECT * FROM DIVISION_LIST

　すると、以下のような DIVISION_LIST（所属データ）の内容が表示されるはずです。

出力

DIVISION_ID	DIVISION_NAME
1000	経理部
1001	人事部
1002	営業部

　次に、この DIVISION_LIST（所属データ）に、新しく DIVISION_ID（所属コード）「1003」、DIVISION_NAME（所属名）「総務部」を追加します。

入力　`INSERT INTO DIVISION_LIST`
　　　　　`VALUES ('1003', '総務部')`

「SQL を実行しました.」と表示されたら、以下の SQL 文を実行して再び
テーブルの内容を確認します。

入力　`SELECT * FROM DIVISION_LIST`

出力

DIVISION_ID	DIVISION_NAME
1000	経理部
1001	人事部
1002	営業部
1003	総務部

　すると、DIVISION_LIST（所属データ）に総務部が追加されていること
が確認できます。
　テーブルにはデータが追加されていますが、この状態では、まだ「トラ
ンザクションが完了（COMMIT）していない」ことに注意してください。
したがって、まだ、ここでの挿入は完了していないことになります。
　では、挿入を無効化してみましょう。以下の SQL 文を実行して、トラン
ザクションを無効化してください。

入力　`ROLLBACK`

「SQL を実行しました.」と表示されたら、以下の SQL 文を実行して再び
テーブルの内容を確認します。

入力　`SELECT * FROM DIVISION_LIST`

出力

DIVISION_ID	DIVISION_NAME
1000	経理部
1001	人事部
1002	営業部

　すると、先ほど挿入した総務部がなくなっていることが確認できます。
このように、トランザクションを完了させていない場合は、トランザク
ションの無効化により変更を取り消すことができます。

NOTE　SQL トレーナーでは、一度データベースに接続したら、再接続やデータ
ベースの初期化を行うまで接続を解除しません。つまり、上記の操作を
しなければトランザクションの完了処理（COMMIT）が行われませんの
で、ROLLBACK 文で変更の無効化ができます。

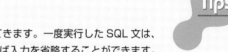

履歴の利用
演習問題 7 では、同じ SQL の文の入力が何度もでてきます。一度実行した SQL 文は、
SQL トレーナーの履歴から実行する機能を利用すれば入力を省略することができます。

⋯⋯⋯ **解答**

解答　**練習問題 8-8**

入力　　DELETE FROM PRODUCT_LIST
　　　　　WHERE PRODUCT_NAME LIKE '%コーヒー%'

次の SQL 文で、実行結果を確認できます。なお、SQL トレーナーでは、テーブル一覧を再クリックする
ことで、更新された PRODUCT_LIST（商品データ）を表示させることもできます。

入力　　SELECT * FROM PRODUCT_LIST

出力

PRODUCT_CODE	PRODUCT_NAME	PRICE	PRODUCT_TYPE
1001	紅茶	1500	食
2000	ポット	3400	器
2001	サイフォン	8900	器
3001	電気ポット	20000	電

解答

解答 **練習問題 8-9**

入力
```
DELETE FROM ORDER_LIST
WHERE CUSTOMER_CODE IN
(SELECT CUSTOMER_CODE FROM CUSTOMER_LIST
 WHERE CUSTOMER_NAME = '○×商事')
```

次の SQL 文で、実行結果を確認できます。なお、SQL トレーナーでは、テーブル一覧を再クリックすることで、更新された ORDER_LIST（受注データ）を表示させることもできます。

入力
```
SELECT * FROM ORDER_LIST
```

出力

ORDER_NO	PRODUCT_CODE	QUANTITY	CUSTOMER_CODE
1	1000	100	1001
2	2001	50	1003
3	3002	80	1001
6	2001	150	1003

解答 **練習問題 8-10**

入力
```
DELETE FROM STAFF_LIST
WHERE SEXID = 0
```

この練習問題を行う前に、［DB 操作（D）｜データベースの初期化］を実行しておいてください。データベースの初期化を行っていない場合は、実行結果が下表と異なることがあります。
次の SQL 文で、実行結果を確認できます。なお、SQL トレーナーでは、テーブル一覧を再クリックすることで、更新された STAFF_LIST（社員データ）を表示させることもできます。

入力
```
SELECT * FROM STAFF_LIST
```

出力

PID	NAME	AGE	SEXID	DIVISION_ID
1000	清水　さおり	21	1	1000
1001	田中　真弓	26	1	1001
1002	津田　あかね	22	1	1000
1003	深町　智子	20	1	1002

実践問題

8

トランザクション＃ 2：コミット

（この実践問題は演習になります。説明を読みながら動作を確認してください）

> この演習問題を行う前に、必ずメニューから［DB 操作（D）｜データベースの初期化］を実行してください。データベースの初期化を行わずにSQL 文を実行した場合、実行結果が以降の説明と異なることがありますので注意してください。
> なお、初期化は、SQL トレーナー＃ 2 を立ち上げる前に行ってください。

説明

　この実践問題では SQL トレーナーを 2 つ同時に立ち上げて利用します。まず、SQL トレーナーを 2 つ立ち上げて、演習の準備をしてください。説明のために、先に立ち上げた SQL トレーナーを SQL トレーナー＃ 1、後に立ち上げた SQL トレーナーを SQL トレーナー＃ 2 とします。

2 つ起動する

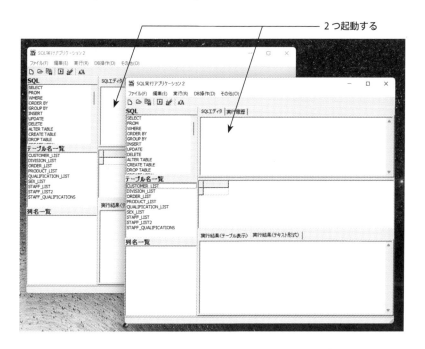

　SQL トレーナー # 1 側で、DIVISION_LIST（所属データ）に、新しく DIVISION_ID（所属コード）が 1003、DIVISION_NAME（所属名）が総務部を追加してください。

（SQL トレーナー # 1 側）

入力　INSERT INTO DIVISION_LIST
　　　　　VALUES ('1003', '総務部')

「SQL を実行しました.」と表示されたら、SQL トレーナー # 1 側で、以下の SQL 文を実行してテーブルの内容を確認します。

（SQL トレーナー # 1 側）

入力　SELECT * FROM DIVISION_LIST

出力

DIVISION_ID	DIVISION_NAME
1000	経理部
1001	人事部
1002	営業部
1003	総務部

　追加した総務部がテーブルに追加されていることが確認できました。では、次に SQL トレーナー # 2 側で同じ SQL 文を入力して DIVISION_LIST（所属データ）の内容を確認してみます。なお、SQL トレーナー # 2 側のデータベース接続を再接続するために、SQL 文の実行前に、SQL トレーナー # 2 側で［DB 操作（D）｜再接続］を実行してください。

> SQL トレーナー # 2 でデータベースの再接続を行う理由は、何も実行してなくても SQL トレーナー # 2 側がデータベースに接続していることでトランザクションの途中として判定されるため、SQL トレーナー # 1 側での変更が反映されないためです。なお、再接続ではなく、COMMIT 文を実行してトランザクションをいったん完了させれば、相手側の更新を反映させることができます。

（SQL トレーナー # 2 側）

入力　SELECT * FROM DIVISION_LIST

出力

DIVISION_ID	DIVISION_NAME
1000	経理部
1001	人事部
1002	営業部

　SQL トレーナー # 2 側では、先ほど挿入した総務部は追加されていません。これは、SQL トレーナー # 1 でトランザクションが完了していないため、更新がデータベースに反映されていないからです。

　SQL トレーナー # 1 側で COMMIT 文を実行して、トランザクションの完了を行います。

（SQL トレーナー # 1 側）

入力　COMMIT

「SQL を実行しました.」と表示されたら、SQL トレーナー # 2 側で［DB 操作（D）｜再接続］を実行し、再び以下の SQL 文を実行してください。

（SQL トレーナー # 2 側）

入力　SELECT * FROM DIVISION_LIST

出力

DIVISION_ID	DIVISION_NAME
1000	経理部
1001	人事部
1002	営業部
1003	総務部

　今度は、SQL トレーナー # 1 で変更した結果が反映されて表示されたはずです。このように、トランザクションが完了するまでは、変更した内容は他のアプリからは参照できない状態で、COMMIT 文を実行してトランザクションを完了して初めて他から参照できる状態になります。

実践問題

9

トランザクション＃ 3：複数アプリからの更新
（この実践問題は演習になります。説明を読みながら動作
を確認してください）

> この演習問題を行う前に、必ずメニューから [DB 操作 (D) ｜ データベー
> スを初期化] を実行してください。データベースの初期化を行わずに
> SQL 文を実行した場合、実行結果が以降の説明と異なることがありま
> すので注意してください。
> なお、初期化は、SQL トレーナー＃ 2 を実行する前に行ってください。

説明

　トランザクションの最後の演習は、2 つのアプリケーションから同時に
更新を試みるものです。まず、SQL トレーナーを 2 つ立ち上げて、演習の
準備をしてください。説明のために、先に立ち上げた SQL トレーナーを
SQL トレーナー＃ 1、後に立ち上げた SQL トレーナーを SQL トレーナー＃
2 とします。

　本演習では、PRODUCT_LIST（商品データ）のコーヒーの値段を SQL トレー
ナー＃ 1 では 1,200 円に、SQL トレーナー＃ 2 では 1,300 円に変更しよう
とするものです。

　まず、SQL トレーナー＃ 1 側で以下の SQL 文を入力してコーヒーの値段
を変更します。

（SQL トレーナー＃ 1 側）

入力　　UPDATE PRODUCT_LIST
　　　　SET PRICE = 1200
　　　　WHERE PRODUCT_NAME = 'コーヒー'

　SQL トレーナー＃ 1 側では、「SQL を実行しました.」と表示されて実行
が完了したはずです。

　では、次に SQL トレーナー＃ 2 側に以下の SQL 文を入力してコーヒー
の値段の変更を試みてください。

（SQL トレーナー＃2 側）

入力　　UPDATE PRODUCT_LIST
　　　　SET PRICE = 1300
　　　　WHERE PRODUCT_NAME = 'コーヒー'

　SQL トレーナー＃2 の実行結果（テキスト形式）には、「SQL を実行しました.」と表示されず、停止した状態になったはずです。これは、SQL トレーナー＃1 側で同じコーヒーの値段が操作されているため、SQL トレーナー＃1 のトランザクションの完了を SQL トレーナー＃2 が待っているためです。

　では、SQL トレーナー＃1 側で COMMIT 文を実行して、トランザクションを完了させてください。

（SQL トレーナー＃1 側）

入力　　COMMIT

　SQL トレーナー＃1 側で COMMIT 文を実行した瞬間に、SQL トレーナー＃2 側で「deadlock‐update conflicts with concurrent update」というエラーが表示されたはずです。これは、同じコーヒーへの変更が衝突してエラーとなったことを示しています。このように、データベースへの操作が衝突した場合は、先に実行されているトランザクションの完了を待って、処理が行われます。このとき、先のトランザクションと更新がぶつかっていた場合には、後で実行したほうにはエラーが戻ります。

　では、今度は、SQL トレーナー＃1 では PRODUCT_LIST（商品データ）のコーヒーの値段を 1500 円に、SQL トレーナー＃2 では、紅茶の値段を 1800 円に変更してみます。

　先ほどと同様に、SQL トレーナー＃1 で以下の SQL 文を実行し、コーヒーの値段を変更します。

（SQL トレーナー＃1 側）

入力　　UPDATE PRODUCT_LIST
　　　　SET PRICE = 1500
　　　　WHERE PRODUCT_NAME = 'コーヒー'

　続いて、SQL トレーナー＃ 2 で以下の SQL 文を実行し、紅茶の値段を変更します。

（SQL トレーナー＃ 2 側）

入力
```
UPDATE PRODUCT_LIST
   SET PRICE = 1800
   WHERE PRODUCT_NAME = '紅茶'
```

　今度は、SQL トレーナー＃ 2 側でも「SQL を実行しました.」と表示され、実行が完了したはずです。これは、SQL トレーナーが利用している RDBMS では、更新時のロックの対象がコーヒーの項目だけになっているからです。
　実践問題 7 から 9 では、トランザクションについての演習を行いました。COMMIT, ROLLBACK の動きは確認できたでしょうか。以上のように、RDBMS では、トランザクション単位で処理が行われ、複数のアプリケーション（ユーザー）からの同じデータにアクセスがあった場合の排他制御が行われています。これにより、データの矛盾が発生したりすることを抑えているのです。

第 9 章

その他の SQL

　実際に SQL を実行しながら演習問題を解くことで、基本的な SQL 文の書き方・使い方は理解できたと思います。第 9 章では、ここまでの章で触れなかった、プログラムからの SQL の利用方法、大規模データベースシステムで重要になる実行制御などについて説明します。

9-1　埋め込み SQL

　C 言語や COBOL 言語などから SQL を利用する場合はどのようにすればいいのでしょうか。このような言語では当然ですが、SQL 文を直接記述することはできません。C 言語や COBOL 言語で SQL を利用するにはこれらのコンパイラが理解できる形に変換する必要があります。このような処理を行うのが**プリコンパイラ**です。プリコンパイラは DBMS を供給している各メーカーから提供されています。

　通常は、プログラム中に記述される SQL 文の先頭に EXEC SQL を、SQL 文の終わりに END EXEC をつけます（COBOL 言語の場合）。プリコンパイラでは、この EXEC SQL 〜 END EXEC の間の SQL 文を関数に変換します（COBOL の場合は CALL 文に変換します）。このように、プログラム中に記述された（埋め込まれた）SQL 文を、**埋め込み SQL** と呼びます。

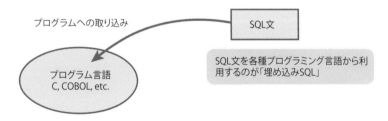

図 9.1　プログラムからの SQL の利用

　プログラムから SQL を利用する方式としては、あらかじめ固定的に SQL を埋め込む「埋め込み SQL」のほかに、SQL を動的に解釈しながら実行する**動的 SQL** があります。埋め込み SQL は動的 SQL に対して**静的 SQL** とも呼ばれます。この 2 つ以外にも**モジュール言語**という、プログラム言語か

らSQLを呼び出すためのインターフェース言語があります。この言語では、SQL文だけが書かれたプログラムをモジュールとして定義する機能と、COBOL言語などのホスト言語からプログラムを呼び出すためのインターフェースを提供します。モジュール言語を利用した場合にはプログラム言語側からモジュールを呼び出すことでSQLを実行する形になります。

　なお、最近のプログラミング言語（エンバカデロ・テクノロジーズ社のDelphiやC++Builderなど）では、SQLを使ったデータベースアクセスのための専用コンポーネントが用意されており、ここで説明したようなEXEC SQLなどを利用することはありません。

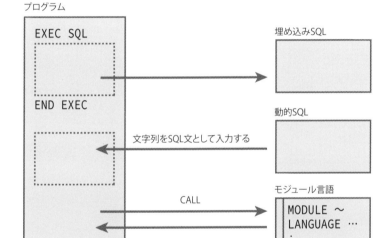

図 9.2　埋め込み SQL、動的 SQL、モジュール言語

SQLの埋め込み方法はDBMSにより異なることがあります。このため、実際にプログラムからSQLを利用する場合には、各DBMSのマニュアルを参照してください。

9-2 カーソル

　一般的に、SQL 文の問い合わせ結果は複数の行の集合です。一方、C 言語や COBOL 言語などのプログラミング言語では、データ操作は 1 つのデータ（値）が基本になります。このようなプログラミング言語では、SQL による問い合わせ結果のような行の集合をそのまま取り扱うことができません。こうした SQL とプログラミング言語の隙間を埋めるのが**カーソル**と呼ばれるものです。このカーソルを用いれば、問い合わせ結果から行を 1 つずつ取り出すことができるようになります。わかりやすくいえば、カーソルは問い合わせ結果のある 1 行を指す、棒（ポインタ）のようなものです。

社員番号	氏名	年齢	性別コード	所属コード
0001	赤石圭吾	23	0	1000
0002	岩下つとむ	35	0	1001
0003	上田健二	22	0	1001
0004	木下順平	25	0	1002
0005	坂田圭吾	44	0	1000
0006	野村伸治	28	0	1002

カーソル →（0002 の行）

カーソルを使えば1行ずつアクセスできる

図 9.3　カーソル

　基本的には、現在カーソルが指している行に対して処理を行うことができます。SQL でカーソルを利用するには、以下の（1）〜（4）までの操作が必要になります。また、(i) (ii) の操作によりカーソル行の更新や削除を行うことも可能です。

（1）カーソルの定義（宣言）

　カーソルを利用する前に、まずカーソルを定義する必要があります。カーソル定義は、基本的には SELECT 文による表の問い合わせです。

　以下に、カーソル定義（宣言）の構文を示します。

カーソル定義（宣言）の構文

```
DECLARE カーソル名 CURSOR FOR
SELECT文
```

　カーソル定義は DECLARE で始まり、続けてカーソル名を指定します。このカーソル名には、同じプログラム中で一意な（重複しない唯一の）名前を指定しなければなりません。なお、CURSOR FOR に続けて記述する SELECT 文には、基本的に先の章で説明した問い合わせ文が入ります。

（2）カーソルのオープン

　定義したカーソルを利用するには、まずカーソルを開く（オープン）必要があります。このカーソルを開く処理を行うのが OPEN 文です。
　以下に、カーソルのオープンの構文を示します。

カーソルのオープンの構文

```
OPEN カーソル名
```

　OPEN 文で指定するカーソル名は、DECLARE 文によりあらかじめ定義されたカーソルでなければなりません。OPEN 文によりカーソルが開かれると、カーソル定義の SELECT 文に記述された問い合わせが実行され、問い合わせ結果として得られた表の先頭にカーソルが初期化されます。なお、すでに開かれているカーソルを OPEN 文でさらに開くことはできません。

（3）カーソルのある行の取り出し

　OPEN 文で開かれたカーソル行からデータを取り出すには、FETCH 文を利用します。FETCH 文で、カーソル位置のデータを 1 行ずつ取り出します。取り出されたデータは指定した変数に格納されます。
　以下に、FETCH 文の構文を示します。

FETCH 文の構文

```
FETCH カーソル名 INTO 変数リスト
```

　FETCH 文を実行すると、行のデータが変数リストで指定された変数に格納されます。なお、FETCH 文に続けて（i）で説明する UPDATE 文を実行することにより、FETCH 文でデータを取り出した行に対してデータの更新処理を行うことができます。

（4）利用したカーソルのクローズ

　カーソルを使った操作を終了する場合には、カーソルを閉じる（クローズ）必要があります。このカーソルを閉じる処理を行うのが CLOSE 文です。
　以下に、カーソルのクローズの構文を示します。

カーソルのクローズの構文

CLOSE　カーソル名

　なお、CLOSE 文で指定するカーソル名は、すでに開かれているカーソルでなければなりません。

（i）カーソルのある行の更新

　カーソル行のデータを更新するには、UPDATE 文を利用します。
　以下に、UPDATE 文の構文を示します。

UPDATE 文の構文

UPDATE　表名
SET 列名 = 値 or 式 or NULL
WHERE CURRENT OF カーソル名

　UPDATE 文は、第 4 章および第 8 章で説明したカーソルを使わない UPDATE 文とほとんど変わりませんが、WHERE CURRENT OF 〜でカーソル名を指定する部分が異なります。また、カーソルが指し示している表は、UPDATE に続く表名で指定されている表と同じでなければなりません。

（ii）カーソルのある行の削除

　カーソル行の削除には、DELETE 文を利用します。
　以下に、DELETE 文の構文を示します。

DELETE 文の構文

```
DELETE 表名
WHERE CURRENT OF カーソル名
```

　DELETE 文も、UPDATE 文と同じように WHERE CURRENT OF ～でカーソル名を指定する以外は、第 4 章および第 8 章で説明した DELETE 文と同じです。

9-3 標準 SQL

　SQL は、国際標準化機構（ISO）により標準化が行われています。また、国内では日本工業規格（JIS）により標準化が行われています。

　本書で説明した SQL は SQL2 と呼ばれ、1992 年に ISO/IEC 9075-1992 として制定されました。日本では、1995 年に JIS X3005-1995 として制定されています。なお、SQL2 は SQL-92 とも呼ばれています。

　1999 年に標準化が行われたのが SQL3（SQL99）です（SQL99 と呼ぶのが一般的です）。SQL99 は、SQL2 の課題を解決する形で規格化が行われました。SQL99 の主な変更点としてはオブジェクト指向データベースへの対応、および手続き型言語機能の追加（if, while など）などがあげられます。なお、SQL99 では言語仕様の肥大化のため複数のパートに分けて規格化が行われました。

パート 1:　　SQL/Framework
　　　　　　全体の構成、概念、用語説明など
パート 2:　　SQL/Foundation
　　　　　　基本機能（中核となる部分）
パート 3:　　SQL/Call Level Interface（CLI）
　　　　　　クライアント／サーバー形態でのデータベースアクセスインターフェース

パート 4:　　　SQL/Persistent Modules（PSM）
　　　　　　　手続き的言語機能
パート 5:　　　SQL/Host Language Bindings
　　　　　　　プログラム言語とのインターフェース
パート 6:　　　SQL/XA Specialization（Transaction）
　　　　　　　X/Open が規格した TP モニタなどとのインターフェース
パート 7:　　　SQL/Temporal
　　　　　　　時制を用いた操作
パート 9:　　　SQL/MED
　　　　　　　外部ファイルに対するインターフェース
パート 10:　　　SQL/OLB
　　　　　　　オブジェクト指向言語による埋め込み SQL 関連

　SQL99 に続く SQL:2003 も複数のパートから構成される仕様となっています。SQL99 に加えて、応用志向になった仕様で、「パート 13　SQL/JRT（外部 Java データ型の機能）」や、「パート 14　SQL/XML（表データを XML 形式に変換する機能）」が追加されているのが特徴となります。その後も SQL は改正されており、SQL:2008、SQL:2011 などが規格化されています。
　なお、標準 SQL への対応の程度は、RDBMS のベンダーごとに異なっているので、実際の業務で利用する場合には、システムで利用する RDBMS を確認して SQL を記述する必要があります。

9-4　ロック

　4-7 節「トランザクション」で、データベースをロックするということについて少し触れました。データベースに対する同時アクセスを矛盾なく行うためには、このデータベースの**ロック**制御が必要になります。あるトランザクションがロックを行った場合、ロックされたリソース（資源）は他のトランザクションからはアクセスできなくなり、ロックを行ったトランザクションがロック解除を行うまで待たなければならなくなります。

　例えば、データベース全体を1つのリソースとしてロックしたとします。
すると、データベースに同時アクセスできるユーザーは1人ということに
なり効率が悪くなってしまいます。このため、多くのデータベースシステ
ムでは、表単位、行単位といったより小さなリソース単位でロックをかけ
られるように設計されています。このようにロック単位を小さくすればす
るほど、同じリソースへのアクセスも低減され、結果として同時実行の度
合いをあげることができます。

9-5　分散型データベース

　データが物理的に1つのコンピュータで一元管理されているデータベー
スを**集中型データベース**と呼びます。これに対して、データが物理的に分
散した場所に配置されているデータベースを**分散型データベース**と呼びま
す。

　データベースの運用管理の面から見ると集中型データベースのほうが有
利な点が多いのは事実です。しかし、分散型データベースは、メインフ
レームによる集中型データベースに比べてスケールアップを行いやすい点
や、比較的低コストでデータベースを構築できる点などが優れています。

　分散型データベースは物理的に分散配置されたデータベースですが、
ユーザーにはデータが分散されていることを意識させず、あたかも集中型
データベースへアクセスしているように見せる必要があります。これを
データベースの**透過性**と呼びます。データベースの透過性を向上させるこ
とが分散型データベースでは重要になります。

9-6　データウェアハウス

　企業の情報システムは、業務の効率化を図るためのデータ管理に利用さ
れてきました。情報化が進む今日、蓄積されたデータは経営戦略立案や営

業活動にも利用されるようになってきています。しかし、これまでの基幹
データベースでは、意思決定に必要な情報をデータベースから直接得るとい
うのは難しいことでした。**データウェアハウス**は、これらの問題を打開
するために W.H.Inmon が提唱した概念で、意思決定に必要なデータの保管
庫です。

　データウェアハウスで重要なのが、基幹データベースからのデータの取
り込み／抽出／統合／データの加工を行うためのツールです。データウェ
アハウスでは、これらのツールを用いて経営戦略立案などの意思決定に必
要な情報を基幹データベースから取り出し、分析することになります。

　しかし、基幹データベース全体がきっちりと正規化されていない場合や
業務全体での標準化が行われていない場合には、せっかく収集・分析した
データが役に立たないこともありえます。このため、データウェアハウス
では基幹データベース全体のデータベース設計をしっかりすることが重要
になります。

付録A　データベース用語集

付録 A として、データベースに関連する用語をまとめておきます。情報処理技術者試験などを受ける場合の参考にしてください。

B木　　R. ベイヤーと E. マックライトにより提案された多進探索木。検索効率がよく、レコードの追加／削除が比較的容易なことを特徴とする物理的な記録構造。

DBMS（データベース管理システム）　　データベース管理を行うシステム。DBMS が物理的なデータの記憶や管理を行うため、プログラマは DBMS を介してデータベースにアクセスすればデータの物理的な記録形式を意識する必要はない。

DOA（Data Oriented Approach）　　データ中心のアプローチ。

E-R モデル　　実体関連モデルとも呼ばれる。概念データモデルの一種で、エンティティ（実体）、リレーションシップ（関係）、アトリビュート（属性）の 3 つから構成される（図 A.1）。

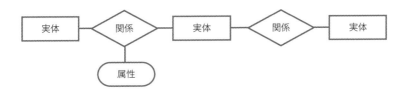

図 A.1　E-R モデル

IRDS（Information Resource Dictionary System）　　情報資源辞書システム。情報資源管理のためのメタデータを管理するプログラム。

ISO　　国際標準化機構（International Organization for Standardization）

JDMF（JSA Data Modeling Facility）　　日本規格協会の「情報資源スキーマ調査研究委員会」において開発された応用データモデルの設計ガイドライン。

JIS　　日本工業規格

JIS RDA　　RDA（遠隔データベースアクセス）のプロトコル。JIS X5911-1995 および JIS X5912-1995 として制定されている。

NDL　　ネットワークモデルのデータベースの操作に利用されるデータベース言語。

SQL1　　1987 年に ISO および JIS により制定された SQL。

SQL2　　1992 年に ISO により、1995 年に JIS により制定された SQL。

一意識別子　　主キーの説明を参照

オブジェクト指向モデル　　オブジェクト指向に基づいたデータベースの表現モデル。

階層モデル　　データ間の関係を木構造などで表現したデータベースの表現モデル。

外部キー　　リレーショナル・データベースにおいて、他の表の主キーを参照している列（属性）。

概念スキーマ　　対象となる外界（実世界）の事象を表すスキーマ。

概念データモデル　　対象世界を自然に表現したデータモデル。

外部スキーマ　　利用者の立場から見たデータベースの見え方と概念スキーマの表の関係を定義するスキーマ。

関係モデル（リレーショナル・モデル）　　行と列からなる表によるデータベースの表現モデル。

共有ロック　　あるトランザクションがロックをかけた資源に対して、他のトランザクションからも参照が可能なロック方法。

結合　　複数の表から、指定した列の値が同じ行を 1 つの表として取り出す操作。

3 層スキーマ　　CODASYL の考え方を基に標準化されたもので、概念スキーマ、内部スキーマ、外部スキーマの 3 つのスキーマから構成される。

射影　　1 つの表から、任意の列を取り出す操作。

主キー（一意識別子）　　リレーショナル・データベースにおいて、行を一意に識別するための列（属性）。

集中型データベース　　物理的に 1 つの計算機で管理されるデータベース。主にメインフレームなどが利用される。

スキーマ　　データベースの構造を定義する定義文の集まり。

ストアドプロシジャ　データベースに対する更新／参照などの一連の処理手続きをサーバー側に登録しておき、クライアントから処理要求を送り登録された手続きを起動する機能のこと。

正規化　データの冗長性を少なくして、関連性の強い属性をまとめること。

整合性制約　リレーショナル・データベースにおいて表中の値を制約することによりデータの正当性を保証するもの。整合性制約には、表制約（一意性制約、参照制約、検査制約）、定義域制約、表名の３つがある。

占有ロック　あるトランザクションがロックをかけた資源に対して、他のトランザクションから参照ができなくなるロック方法。

第一正規形　１つの欄には１つの値しか入らない表の形。

第二正規形　第一正規形の表で、すべての非キー属性が、主キーに対して完全関数従属である表の形。

第三正規形　第二正規形の表で、すべての非キー属性が推移従属ではない表の形。

デッドロック　２つのトランザクションが互いにロックをかけようとして、お互いに待ち状態になること（図A.2）。

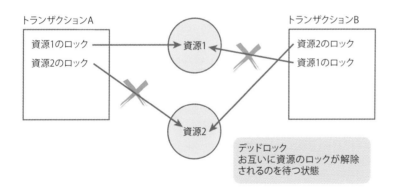

図A.2　デッドロック

トランザクション　データベースに対する処理の最小単位。データベースの回復などの処理は、このトランザクション単位で行われる。

内部スキーマ　概念スキーマの表とそれを格納するファイルの関係、およびファイルと記録媒体の関係を記述するスキーマ。内部スキーマにより、ファイルや記録媒体を変更しても、概念スキーマを変えなくてよいようにすることができる。

ネットワークモデル　一対多の親子関係を基本にしたデータベースの表現モデル。階層モデルと異なり、子が複数の親をもつことができる。

ハイパーメディアデータベース　マルチメディア情報をリンクで関連付けたネットワーク構造のデータベース。

ハッシング法　ハッシュ関数を用いて対象となるレコードのキー項目からレコードの格納アドレスを指定する、データベース検索の高速化方法。

ビュー（ビュー表）　リレーショナル・データベースにおいて、ベーステーブルから作成される仮想の表。物理的な記憶装置の中には存在しない。

フォワードリカバリ　データベース障害が発生した場合、バックアップファイルと更新後ジャーナルファイルを用いて、データベースを復元すること。ロールフォワードとも呼ばれる。

物理データモデル　DBMS に関連した物理的な記録方式や構造までを含めて表現したデータモデル。

分散型データベース　物理的に分かれた複数の計算機で管理されるデータベース。主に WS（ワークステーション）などが利用される。

ベーステーブル　リレーショナル・データベースにおいて、物理的な記憶装置の中に存在する表。

マルチメディアデータベース　マルチメディア情報（文字、静止画、動画、音声など）を統一的に格納／管理するデータベース。

リアルタイムデータベース　データベースの検索や更新処理において、与えられた時間内での応答を保証するデータベース。

ロールバック　トランザクション障害が発生した場合に、データベースをトランザクション開始前の状態に戻すこと。

論理データモデル　概念データモデルをもとに、DBMS の特性を考慮したデータモデル。

付録 B　ダウンロードサービスについて

　本書のダウンロードサービスから取得できる Zip ファイルには、SQL 学習専用アプリケーション "SQL トレーナー" が収録されています。SQL トレーナーは Windows 11/10/8/7 で動作するアプリケーションです。本書の第 6 章～第 8 章のすべての演習問題は、この SQL トレーナーを使って実行することができます。なお、SQL トレーナーをインストールすると、演習問題の解答も同時にインストールされます。

B-1　ダウンロードサービスのファイルの内容

　以下に、本書のダウンロードサービスから取得できる Zip ファイルの内容を示します。

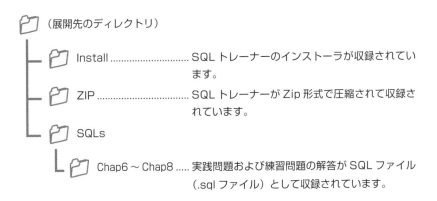

（展開先のディレクトリ）

Install .... SQL トレーナーのインストーラが収録されています。

ZIP .... SQL トレーナーが Zip 形式で圧縮されて収録されています。

SQLs

Chap6 ～ Chap8 ...... 実践問題および練習問題の解答が SQL ファイル（.sql ファイル）として収録されています。

B-2　SQL トレーナーについて

　SQL トレーナーを利用するには、お手持ちのパソコンに SQL トレーナーをインストールする必要があります。SQL トレーナーをインストールして使用する前に、重要なファイルは必ずバックアップをとるようにしてください。

　SQL トレーナーのインストールには、最低 9M バイト程度のハードディスクの空き容量が必要です。また、別途、Firebird をインストールする必要があります。

　本書のダウンロードサービスのファイルに収録されている「SQL トレーナー」は、以下の環境で動作します。

　・OS：Windows 11/10/8/7 日本語版。
　・CPU：各 OS の推奨以上。
　・ハードディスク：最低 9MB（Firebird を含まず）。

　SQL トレーナーのインストール方法および使い方については第 5 章を参照してください。

　SQL トレーナーの動作については十分なチェックを行っていますが、不具合や異常が発生することも考えられます。ご利用の際には、この点についてご了承いただきますようにお願いします。

　ソフトウェアをインストールして使用する前に、必ず次の利用制限および注意事項をお読みください。

B-3　利用制限および注意事項

- 本書のダウンロードサービスのファイルに収録した「SQL トレーナー」は、本書のご購入者のみが使用できます。第三者への貸与は固くお断りします。

- 本書のダウンロードサービスのファイルに収録した「SQL トレーナー」は個人利用に限り使用できます。個人以外の目的での利用を希望する場合は、出版社までご連絡ください。

- 本書のダウンロードサービスのファイルに収録した「SQL トレーナー」は、ご自分のパソコンへインストールする場合を除き、その一部または全部を出版社の許諾なく複製することを禁じます。プログラムのすべてについて、本書の有する権利と同等の権利を有するものとします。

- 教育現場などで、本書のダウンロードサービスのファイルに収録した「SQL トレーナー」を使用する場合は、出版社までお問い合わせください。

- 本書のダウンロードサービスのファイルに収録した「SQL トレーナー」には、一般の市販アプリケーションのようなユーザー登録・問い合わせ・アップグレードなどのユーザーサポートやサービスはありません。

- 本書のダウンロードサービスのファイルに収録した「SQL トレーナー」はフリーウェアではありません。著作権者の許可なくインターネットで公開するなどの行為はご遠慮願います。著作権は、本書の著者および（株）カットシステムに帰属します。

- 本書のダウンロードサービスのファイルに収録した「SQL トレーナー」をインストールして使用する前に、重要なファイルは必ずバックアップをとるようにしてください。ダウンロードサービスのファイルに収録したプログラムの使用は、使用者の責任において行うものとし、プログラムを実行した結果については、本書の著者および（株）カットシステムは直接および間接のいかなる責任も負いません。

あとがき

　「やさしい SQL 入門」をはじめて執筆したのが 1999 年でしたので、それから 20 年以上経ったことになるでしょうか。この間、Windows は 95/98/NT から WindowsME/2000 へ、そして WindowsXP、Vista、7、8、10 と移り変わってきました。また、インターネットとそれを取り巻く環境もすごいスピードで進化し、ごく普通にネットのことを耳にするほど社会に浸透していきています。

　これに合わせて、ネットを使って管理・収集されるデータの量も恐ろしいスピードで増加しています。近年ではビックデータの活用などという言葉も耳にするようになり、集められたデータを分析し、そこから何か新しい知見や情報を得るということも期待されています。しかしながら、これらのデータを管理するシステムは、依然としてリレーショナル・データベースが主であり、問い合わせ言語として SQL が広く使われていることも事実です。おそらく、これからも、しばらくは SQL が使われ続けるのではないでしょうか。情報系の職業では、SQL を知っていて損はないと思います。

　「やさしい SQL 入門」は、初心者の方がデータベースを触りながらなれることを目的として、1999 年に企画し、執筆した本になります。基礎的なことしか書かれていないので、実際のシステム構築では足りない部分が多いかと思いますが、SQL の概要を知り、言語に慣れるために十分な情報を入れ込んだつもりです。まずは、本書をスタートとして活用いただければ幸いです。

　最後に、20 年以上も本書を出版し続けてくださっているカットシステムのみなさまと、本書の執筆に協力していただいた方々に感謝を申し上げます。

さくいん

223

■ **著者プロフィール**

手塚 忠則（てづか・ただのり）

1968年福岡県生まれ。九州工業大学大学院情報工学研究科を修了後、現在、電機メーカに勤務。博士（情報工学）。主な著訳書に、『やさしいSQL入門』カットシステム（1999年）、『Cパズルブック』（共訳）カットシステム（2000年）、『やさしいC++入門』カットシステム（2001年）、『C++Builder 6 コンポーネント活用ガイド Vol. 1、2、3』（共著）カットシステム（2002、2003年）、『C言語 データ構造とアルゴリズム』カットシステム（2003年）『Delphi 2005 プログラミングテクニック Vol. 4』カットシステム（2005年）などがある。

やさしいSQL入門 [Windows 11/10対応]

演習問題で学ぶデータベース操作法

2022年 2月10日　初版第1刷発行

著　者	手塚 忠則
発行人	石塚 勝敏
発　行	株式会社 カットシステム
	〒169-0073 東京都新宿区百人町 4-9-7　新宿ユーエストビル 8F
	TEL（03）5348-3850　　FAX（03）5348-3851
	URL　https://www.cutt.co.jp/
	振替　00130-6-17174
印　刷	シナノ書籍印刷 株式会社

本書に関するご意見、ご質問は小社出版部宛まで文書か、sales@cutt.co.jp 宛に e-mail でお送りください。電話によるお問い合わせはご遠慮ください。また、本書の内容を超えるご質問にはお答えできませんので、あらかじめご了承ください。

■ 本書の内容の一部あるいは全部を無断で複写複製（コピー・電子入力）することは、法律で認められた場合を除き、著作者および出版者の権利の侵害になりますので、その場合はあらかじめ小社あてに許諾をお求めください。

Cover design Y.Yamaguchi　　© 2021 手塚忠則

Printed in Japan ISBN978-4-87783-518-7